文學叢刊

郁丁著

從紐約看台北

文史哲出版社印行

國家圖書館出版品預行編目資料

從紐約看台北 / 郁丁著. -- 初版. -- 臺北市：
文史哲,民 98.08
頁： 公分. --（文學叢刊；224）
ISBN 978-957-549-856-6(平裝)

1.言論集 2.時事評論

078　　98013232

文學叢刊 224

從紐約看台北

著者：郁丁
出版者：文史哲出版社
http://www.lapen.com.tw
e-mail：lapen@ms74.hinet.net
記證字號：行政院新聞局版臺業字五三三七號
發行人：彭正雄
發行所：文史哲出版社
印刷者：文史哲出版社
臺北市羅斯福路一段七十二巷四號
郵政劃撥帳號：一六一八〇一七五
電話886-2-23511028・傳真886-2-23965656

實價新臺幣三六〇元

中華民國九十八年（2009）八月初版

ISBN 978-957-549-856-6　08224

作者的話

古人嘗謂「不識廬山真面目，衹緣身在此山中。」台北人「不識台北眞面目，衹緣身在此城中。」

這類不識真面目的原因，不外乎受到視障與心障的影響。視障是因為視點過近，衹能看到局部或面向的一面，亦如瞎子摸象，摸到的的確是象，畢竟想象不出全貌。看不到全貌，也就看不到眞相，這樣便給予斷章取義者空間，隨興似地編說、舛錯、附會，成為時論。心障是因為一般人的昧於時勢、不求甚解，才會造成人云亦云。

從紐約看台北，不止看到它的面向全貌，還能透視它的背向，却缺乏台北人喜聞樂見的語言效果，些許還帶點腥辣味，不為人們所喜，甚至排斥。甚焉者，反向思維，扣帽子，上綱上線，這是可以預料和預期的。

不論讀者從那個角度，用何種眼光，以什麼樣的心情來流覽它。它對台灣的關懷，溢於言表，决不亞於台灣的人，應是一不爭的事實。

從紐約看台北

目 次

民進黨

國民黨

馬英九

陳水扁

謝長廷

李登輝

散論

卷首語

不識台北眞面目
祇緣身在此城中

民進黨的囿圄心態

民進黨人曾躊躇滿志，做大國夢，惜乎沒有做大國的心胸，觀其政治格局，亦如蛤蟆游水，從池塘跳進水缸，祇見其愈縮愈小，因其自囿也。

每到選舉，為了爭取選票，便爭相打出省籍牌，不惜割裂台灣人的整體意識，破滅台灣大陸人的歸屬感。李登輝是割裂台灣人的始作俑者，他為了想做台灣共和國的國父，整垮國民黨，把台灣人搞得四分五裂，民進黨起而傚尤，後來居上。當民進黨奪權之初，也曾大聲疾呼，譴責台灣的大陸人，不認同台灣，不肯做台灣人。時至今日，民進黨人又反過來，不准台灣的大陸人向台灣認同，做台灣人。還指控他們是台奸，而這些被指為台奸的大陸人，他們曾是中國共產黨的宿敵，曾是與中國共產黨生死搏鬥的過來人。

美國的強盛，並非全靠地大物博，因其有容才大，納全世界的精英而用之。台灣若非一九四九年中央政府丟失大陸，集全國精英于這一蕞爾小島，發展了台灣的教育，作育了台灣的人才，建設了台灣的經濟，致台灣于國富民豐。沒有他們的努力與奉獻，豈能有今日的台灣奇蹟。把台灣大陸人數十年來，付出的血和汗，一筆抹煞勾消，還咒罵他們吃台灣人，這無疑是將台灣的政治，劃地自牢，圉囿于囿。

民進黨人玩政治，若不改變心態，擴大胸懷，要想圓夢自主，難也哉。

民進黨窮得祇剩下族群分裂

由郭冠英或稱范蘭欽事件，引發的族群分裂議題，它不止是過去存在，現在存在，將來仍要存在的議題。因為，它是今天明天，民進黨唯一僅剩的政治資本，它無關乎民進黨的願望，它關乎民進黨未來的生死存亡。民進黨若不打族群撕裂牌，它還有什麼牌可打？沒了牌，還能入局嗎？

支持台獨的三張牌，國際、貪腐、族群分裂。已三去其二，曾明目張膽支持台獨的美國，早已經從枱面上，轉到桌面底下。那個曾經是橄欖球的台灣關係法，也早已變成手不瀛握的小板球。質疑者不必外求，祇需從報紙版面上，便可以找到答案。台灣關係法被美國官員及議員，提到的頻率多寡，便可以看到眞相了。

美國與中共的關係，無論國內的或國際的，遠非台灣可以企及。台獨論者，先是把台灣共和國建國的責任，放到中美的戰爭冒險，企圖坐享其成，這麼不負責任，既沒有志氣又沒有骨氣的思維與行為，拿來自欺自娛，也就罷了。用它來哄騙追隨者，並以之作為奪權資本，是不是太超過了。奪權之後，台獨不是已掙到出頭天了嗎！又怎麼樣了呢？陳水扁坐在中華民國總統寶座上，宣佈中華民國已死，卻不敢讓「台灣共和國出生」，還硬把它「胎死腹中」。八年任期，陳水扁自己做的，也是個死總統。陳水扁及民進黨，壓根兒不敢提台獨建國，這說明台獨之路是一個甕，進去便出不來。執政的民進黨衹拿台獨來催眠，從不敢認真建國，台獨建國是民進黨的一張畫餅，也是民進黨的一個揹負，從未被民進黨認過真。單拿台獨議題來衡量民進黨，這是一個不講道義，不負責任的黨。執政八年，以台獨建國為訴求的黨，就在自己訴求的主題上，交了白卷。民進黨虧欠選民的，何止是一個道歉而已，如稍具羞惡之心，還有何顏面，面對自己和選民。

貪腐是民進黨奪權之初的第二張牌，八年執政，民進黨人的操守，已被攤到陽光底下，原來是個比國民黨更貪更腐的政黨。如果，民進黨能給予選民，一線革面洗心的新希望，那怕細得如一根髮絲，都是民進黨的希望。惜乎，民進黨敗選後的語言，由語言表達的觀念，由觀念所展現的行為，說明，民進黨人如果重作馮婦，他們的所行所為，還衹能是「重操舊業」。

當下，民進黨的唯一政治資產，衹剩下「撕裂族群」。

民進黨的困境

從黨外到組黨，民進黨人一路走來，都是打着綠色旗幟，綠色訴求，一帆風順地走上執政之路。那是個百年難遇的順時應勢機遇，正當國際間陰謀分裂中國的年代，民進黨既幸也不幸地適逢其時，幸的是為自己構築了一個綠色窠臼，有了方向與歸宿。不幸的是從此用綠色綁住自己，也綁住追隨者。由策略的運用，進而意識型態的確立，到民粹民氣的淬礪成形。如今，儼然是一個綠色城堡，固若金湯，外力難以破繭而入，自己也難以破繭而出，這正是當下民進黨的困境所在。

為了搶奪執政權，而向執政的國民黨嗆聲，形成為反對而反對的戰略模式，也是民進黨的黨文化模式，嗆嗆模式。此模式適應於後威權時代，也是民進黨的民主啟蒙時代。一則社會長期受制於威權震壓，反彈心理強烈，凡威權的都必反，民進黨的為反對而反對戰略，符合人心。二則民智未開，人民昧於民主的真諦是法治，以民進黨的嗆聲為民主濫觴，被蠱惑盲從，民進黨則食髓知味，復固步自封。二十年後的二〇〇八年選舉，民進黨的戰略窠臼未變，而已變新生代選民隱然成為選舉主流，棄民進黨的嗆嗆文化如蔽履，這是民進黨立法委員及總統選舉大敗的主因，也是民進黨的第二個困局。

隨着世局的變化，中國的崛起，國際間分裂中國的陰謀，逐漸悄聲匿跡。一向為台灣綠色靠山的美國，已一再宣稱台灣非主權獨立國家，並強調美國對台灣有政治紅線，防止台灣片面宣佈獨立。這對民進黨的綠色訴求，不啻毀屍滅跡，成為民進黨的第三個困局。

構築政治牢籠，這原本是國際共產政權的專屬專長，天才的鄧小平，他從未口號反毛，他卻是毛思想的推翻者，他的改革開放，讓毛的鎖國政策澈底破產。馬英九借鑑鄧小平的改革開放，開放三通，與對岸和解共生，這亦如民進黨當年的順時應勢，正是時勢所趨，為民進黨的鎖國政策解套。大陸三十年的改革開放，已走上不歸路，馬英九的和解共生，也將是一條台灣改革開放的不歸路，這是民進黨的第四個困局。

民進黨的囿於困局，造因於缺乏鄧小平式的，有思想、有魄力、有才幹的領導人才，實施全方位，大開大闊，從事對黨的改革開放。更囿於短視，看不到世界大勢，還在把綠色建國的重任，寄希望於美國的子肩，全未看到美國極力與綠色建國切割、卸肩的現實。

向民進黨進一言

民進黨把中共當作與國民黨內爭的政治籌碼來運用，這是民進黨政治路線的自誤與誤導。中國國民黨與中國共產黨爭鬥六十年，包括民進黨在內，全台灣的人，沒有人能比國民黨更了解中國共產黨。他們曾經共事（容共），共同對付北洋軍閥，又曾經合作，共同抗日，直到分裂被擊敗，飽嚐血的教訓。民進黨每每以賣台攻訐國民黨，殊不知國民黨退此一步，便無死所。

與對岸簽定不論形式上或稱謂上，是 CECA 或 ECFA，它都是主權體的體現。如果台灣不是一個具有主體的主權體，有什麼資格被對方視為對等實體，簽定具法律效力的協議，祇要對岸願意簽，簽定便具有主權體的實質意義，遠甚過空喊口號。

民進黨的顧慮，兩岸互動將走上統一的不歸路，並非民進黨的獨有智慧，稍微懂得政治運作的人，都不祇知其然，更知其所以然。贊成現階段與對岸簽定協議，不等於贊成統一。陳水扁八年執政，唱衰台灣，那才是真正的賣台，走向統一，把台灣獨立的本錢喪失殆盡。

社會科學與自然科學的最大不同，社會科學沒有永恆不變的定理，它衹有條件式的暫時不變。由社會科學衍生的政治理念，衹能從變中盡量求少變，不可能不變。要求馬英九保証未來如何如何，它不衹是強人所難，也不切實際。國際政治更是一個變動性的，多邊形的。當國際政治急劇變動時，台灣衹有選擇權，選取對我最有利的部份，眼前的十加一，十加三，便是個最好的例子。

民進黨剛放下執政權不久，中共經營東南亞，從江澤民到胡錦濤，不到二十年，成功地發展為夥伴關係。台灣自李登輝至陳水扁的二十年執政，從未想到，或想到而力不從心，因此而不能從國際政治舞台上，爭取到十加台灣的空間。拿自己都做不到的來要挾馬英九，這正是用自己的所難，來強別人的所難。

美國兩百餘年的兩黨政治，內鬥你死我活，外鬥一致對外。國際政治，國家利益一定放在第一順位，美國的台灣關係法，它首要保護的是美國。兩岸簽定協議，當然是各打各的算盤，如果台灣內部長期處於分裂狀態，那正是授人以柄，任宰任割。現實的國際政治，國與國間，不是往昔的純對立狀態，而是你中有我，我中有你，這便是中共美國的現狀，看不出有誰吃掉誰的顧慮。未來的兩岸關係，亦復如此，玩政治應該正視現實，不能脫離現實。

有關兩岸議題，民進黨今天所要做，應該做的是與國民黨緊密合作，以維護全民的利益為第一前題，同心協力，以事為主，抓住對我最有利的部份，研之商之。不再以利為主，祇想到一黨的私利，杯葛對抗，這才像個愛台灣的黨。

民主的共產主義

李登輝號稱民主先生，推行民主政治不遺餘力，功不可沒。但他為了某種不能為人道的目的，把民主政治要達成的理性化人性，用一種反理性的政治訴求，與他推行的民主政治，既實質地產生矛盾，又實質地結合在一起。這種吊詭的民主現象，無以名之，辜名之曰「民主的共產主義」。

蓋中國共產黨，正是以血統論、成份論，為成就其政治利益的張本。而今，卻成為台灣民主選舉文化中，李登輝與民進黨黨文化的顯學。二〇〇〇年台灣最高領導人選舉，連一個與此選舉，根本掛不上鈎的台北市小小文化局局長，也會遭致此顯學的波及。龍應台是台灣出生的大陸人，被馬英九遠從歐洲的德國，聘請她回台北市，擔任文化局長，受到民進黨人的質疑與攻訐，可見此省籍牌，亦如當年中國共產黨的成份論，在此次大選中的發酵與荼毒，已是無遠而弗屆。

民主的內涵，具體而微地說，便是理性與包容，總的體現是「法治」。共產主義之被世人詬病排斥，便是因為它反理性、狹隘、排他性強的緣故。惜乎，李登輝的民主選舉，也是沿著共產黨的反理性、狹隘、排他的方法。而民進黨的反國民黨，又是沿著李登輝的反理性、狹隘、排他的方法。這種因襲相循的結果，便使得李登輝領導的國民黨，民進黨在不知不覺中，因反奪權與奪權的鬥爭，殊途而同歸，自我淨化——共產主義化。

無容置疑，反理性便是反民主，台灣在李登輝，民進黨有志一同的運作下，己由民主運動走向反民主運動，這或許就是所謂的「台灣本土化文化症候群」現象吧。

從唯物辨証法看民進黨

恩克斯的唯物辨証法中有一推論，「從量的漸變到質的突變」，証諸今天的民進黨，此推論具有真理性的定律價值。民進黨由黨外走到今天的執政，才不過短短二十年，其中變化之大，令人不可思義。由理想走向世俗，由清流走進污濁，由反獨裁變為獨裁，由反貪腐墮為貪腐。這其中的一個最大因素，因量變引發質變，又由質變引發劣幣逐良幣效用。更不幸的是，劣幣效用正是墮落的淵藪，這個效用還在以加速度繼續發酵，將不知伊於胡底。

想當年美麗島事件，讓社會看到的是曙光，理想與使命。如果那些先驅者，有未覺先知的本能，他們會不會為今天民進黨人的貪瀆腐化，心甘情願的去領受牢獄之災，與同樣是貪墨腐朽的政權去生死與博。人生最殘酷的，莫過於被自已的兒子趕出家門。民進黨是其先驅者懷孕、催生到撫養成器的獨生子，全不顧養育之恩，將其養父養母一腳踢出家門。這也難怪，美麗島諸君子也從不承認，威權的蔣氏父子，對他們有過恩寵，在本土化政策下，苦心孤詣的作育他們，使他們成器成才，他們同樣是反目相視。俗話說得好「堂屋椅子輪流轉，屋簷水點點滴到現窩裡。」這叫做一報還一報。

黨外時代即不講倫理，以雷震為首的自由中國諸君子，才是台灣民主的拓荒者。民進黨人在追溯台灣民主化過程中的犧牲奮鬥時，總是把拓荒者的貢獻，抹煞得一乾二淨。之後加入黨外共同奮斗的費希平，林正杰更是背負著外省人的原罪，被逐出民進黨。民進黨不講倫理的草莽性，草創時就已現端倪。不幸得很，這些個為民進黨付出過汗和淚的拓荒者與養育者，幾曾想過，自己也會被自己創造的反倫理黨文化所泯淹，正應了天理召彰，輪迴不爽的俗諺。

民粹的台灣

台灣社會患有嚴重的自卑情結症候群症，由此演化成自戀狂，整個社會處於一種精神異常狀態。其具體表達方式，便是當今整個社會思想行為的民粹化，民粹除了轉化自卑，還能掩飾眾多的潛在無恥。

民粹已成為台灣社會普及性與普遍性的意識型態，它的異名辭叫作「主體意識」。在台灣處處都看得到它強烈的導向性，這種強調或強制性導向，實是因為缺乏自信，缺乏自我，因缺乏而強制性要求「具有」。

主體意識的反向思維，便是「賣台」，這正是缺乏自信思維的實質顯現，也是強制性導向思維的實質顯現，凡不符民粹的都被歸類為「賣台」。民粹的形成，源於政治的去中國化，且已成了「反中國」的急先鋒，凡中國的都要反，不反便是賣台。吊詭的是？在反中國與中國劃清界限的同時，把不能割捨的，不得不用潛在的無恥予以吞噬。座落台北外雙溪的故宮博物院，其中的蘊藏，是最彰顯與象徵中國化的建築與珍寶，它不但未被污蔑為中國化，還默默地被默認為台灣化，民粹也者，也是選擇性的，更是功利性的。

繁體漢字，百分之百的中國化文字，它不但未被去中國化去掉，還要搞繁體漢字中遺。它是當下台灣民粹的另一選項，祇要能彰顯台灣，民粹便顯現出無限的活動空間，成了一根軟肋骨，有人說：「這正是海島性民族性的特異功能」，觀乎當下台灣社會的功利取向，不能不信其然也。

孟子的人的定義是：「無是非之心，非人也。無羞惡之心，非人也。」因為去中國化，這個維繫、鑑定中國人人格的標準，也從民粹中褪除盡淨，因為民粹的台灣人，從不認同自己是中國人。那麼作為台灣人的人格標準，又是什麼呢？「民粹」嗎？

名辭異化

幾家紐約華爾街金融公司，因其過度貪婪，設計出種種貪黷的方法和手段，來套取世界財富，其中之一的詭計，便是用名辭異化來包裝詭詐。如將房貸爛帳，包裝成股票投放市場，更進而將此股票爛帳，再衍生出各類金融產品，欺瞞全世界投資者，乃導致今次的世界金融危機。

台灣的名辭異化，更是一股政治歪風，異化的主題同樣是來自貪婪。一批卸任的當政者，和現役的地方當政者，因貪婪無可避其責，無可遁其形，便企圖以異化名辭來脫罪，把貪污瀆職，異化為政治迫害。台灣的貪黷政治人物，他們的貪黷獲罪，因為是從政治的權力，取得貪黷的權力，於是給予貪黷者，轉化語言名辭的空間。認定從政治權力取得的贓款，屬政治的範疇，非法律的範疇，應從政治面去認知求解。當司法單位提出從法律面，予以懲污肅貪時，被貪黷者指控為法律干涉政治，造成政治冤獄，形同政治迫害。

貪黷者成功地用名辭異化，異化了台灣的社會心理，促使追隨者願與狼共舞。異化是由名辭的衍化，走向思想的異化，更而進入行為的異化。它是當今台灣社會民主的一帖試劑，凡台灣人都無可避免地要接受其試練，各別的人，得出各別的民主尺度，是禍是福，是白是黑，就看全民的智慧了。

綠色夢

夢有兩種，一種是幻想，虛擬的未來，因其實現的機率渺茫，被美稱為夢。一種是睡眠中記憶的重現或反射，也即俗話說的「日有所思，夜有所夢。」說穿了，夢的真義，就是幻滅。台灣二〇〇八年大選，綠色選票有四百多萬，他們共同構築了一個夢，因其顏色偏綠，名之曰「綠色夢」。這個夢帶給綠色選民的不是甜蜜，而是苦澀。夢的作用，原本應該是帶給人們美的憧憬，貪戀的享受。綠色夢幻者不同，他們的夢是經由人工染色的，加工者祇負責著色，不負責「圓」夢。因此，他們所夢幻的，是一個永遠「圓」不了的夢，固執、堅持是綠色夢幻者「不醒夢」的原因，顏色加工者高明的虛幻催眠術，也是深陷綠色夢幻者於夢境的原因之一。夢產生自人的自生冥想，冥想活動頻繁的人，一定多夢。人的青少年時期，正是多夢的年齡，稱之為夢幻期。但綠色夢幻者，都非青少年，多為中老年人，他們的夢並非自生，而是被綠化。此所以他們的夢，沒有變化，不會褪色，歷久彌新。

「盲」是綠色夢的根源，綠色加工者為尋夢者著色時，首先著色的部份是尋夢者的心，先是朦蔽他（她）們的心，造成「心盲」，心盲促使智商喪失。進而矇蔽他（她）們的眼，造成「眼盲」，眼盲見不到是非，分不清真偽，祇會盲從服膺。又由於偏色，導致偏心，尋夢者終於陷入偏激狹隘而不能自覺自知。成為綠色加工者的獵物，被驅使、被利用、為工具、為隸役。

首先倡導為尋夢者加工染色的是李登輝，他是綠色夢的始作俑者，他的兩國論，遭到既是保護者，也是支持者的重擊，理由是他越出了被保護和支持的範圍。換上以綠色黨綱為圭臬的陳水扁執政，這應該是最佳圓夢的時機了吧，左等右等等了八年，還是不敢圓夢。他的一邊一國論，同樣遭到大棒轟擊。二〇〇四年立法委員換屆選舉，陳水扁又冀圖借綠色叫囂，完成他的完全執政。保護者兼支持者為圖一勞永逸，不惜派遣重臣 **Colin Powell** 飛到北京，向全世界宣佈，台灣沒有獨立主權，戳破那個專為綠色夢幻者製作的綠色汽泡，築夢的幻影全被撲滅。

「打壓」成為染色者退卻的最佳藉口，綠色夢幻者的怨毒，像洪水一般衝向大陸那個缺口，這給予染色者加深色彩的機會，一些淺綠者變為深綠，深綠者變成墨綠。台灣的染色者在為夢幻者著色時，他們也在為自己著色，祇不過他們為自己著的是金色，而不是綠色。那個綠色黨綱，正是為了掩護金色而塗上去的。打壓是政治遊戲規則中的常態，中國的自強崛起之路，走得多麼沉重、多麼艱辛。幾十年來西方大國，從未放棄對中國的打壓。不同的是中國愈挫愈奮，真正是打落牙齒和血吞，這才是真正的硬漢。

一九九六年林洋港向當時執政的李登輝挑戰，競選總統，李登輝對林洋港的打壓，未嘗手軟，林洋港想租一間辦公室，都難於登天。二〇〇八陳水扁對謝長廷的打壓，一路追擊，直到謝長廷接受謝蘇配才稍事休歇。這就是政治的遊戲規則，有我無你，當仁不讓，捨我其誰。台灣的某些政治玩家，一遇挫折，便搬出小時候跟人打架的法寶，打不過便大聲疾呼：「媽！他打我？」玩政治玩到這個份兒上，已是夠衰的了。綠色朋友們，願你們仍然擁有夢，不管是金色的夢、綠色的夢，或中性顏色的夢。但願你們夢得平安快樂，留得青山在，千萬別夢到瘦身，夢到燒炭自殺。

圓夢

夢的真義便是幻滅，「圓夢」的解釋，就是要實現幻滅。

李登輝陳水扁以及他們的追隨者同路人，共同為台灣的夢幻者，編織了一個綠色夢，這個夢雖非李陳創造，卻是被他倆染色、淨化後予以推廣，迅速膨脹，而形成勢力。

愛把夢掛在嘴皮子上，或真正擁有夢的人，絕大部份是年輕人。一種是好高騖遠的人，他們的夢祇是空想，屬於永遠不能實現，或根本不期待實現的假設。一種是腳踏實地的人，他們的夢是理想，是志業。他們抱定宗旨，一步一個腳印，有計劃、有步驟，鍥而不捨，直到終抵於成。語說有付出，才會有成果，又說天上不會掉下餡兒餅來。也就是說，沒有付出，假夢是不可能成真的。

夢有個人的，有家族的，有集體的或全民族的。個人的夢，屬於單槍匹馬的奮鬥，家族的夢，屬於全家人的奮鬥，集體的夢，應由集體的力量，眾志成城。台灣的綠色夢幻者是一個大集體，他們除了應付內部鬥爭，眾志成城，有過週詳的準備與努力，對著外來的壓力，除了向靠山購買保單，完全沒有應對之策。

綠色夢起源於二十世紀五〇年代的一個國際多邊形大陰謀，從幾個方向向台灣發動。又伴隨著國際風雲的變化，綠色夢的外力因素，到今天已所剩無幾，僅存者祇圖在中共政權臉上烙傷疤，於台灣問題，已無餘勇再圖分裂中國。承保者也一再申述，未承保台灣的意外險，外力既不再有興趣介入，由承保者出兵以武力圓夢的機率已等於零。這原本是李陳及其同路人，為尋夢者製造的糖衣痲醉劑，承保者都不再承保了，夢也該醒了吧，沒有，為什麼？賭命！

很多中國人都相信命理，算命便成了專門學問，至於為什麼？沒有人說得清楚。統計學加玄學，等於相學和命理學。台灣的綠色夢幻者，對圓夢的冀圖仍不能忘情，無他，賭命哲學在作祟。「圓夢」是要付出成本的，綠色夢幻者有沒有做過成本計算呢？如尚未做過，這裡有份清單，提供作為參考。

圓夢的方式祇有兩種，一是冷式的外交談判，一是熱式的武力爭戰，兩者都是自古迄今的不二法門。前者需要外交樽俎人才，對岸在這方面的成績，近年來已靚麗得不能再靚麗了。東協原本是美國的禁臠，曾幾何時已成為十加一、十加三的新夥件格局。台灣在李登輝執政時代比較幸運，他穿著綠色制服指揮藍色人才，大開大闔，俯仰自如，故一帆風順。陳水扁命中多舛，遜色多矣。任內「LP」及迷航等失格事件，層出不窮，臨去秋波，竟會被個境外小混混騙去三千萬美元，若把這麼一群愚不可及的人，用作尋夢者的代表，送到圓夢的外交戰場上去折衷樽俎，其答案會是什麼?大概想都不用想，也就知道了。後者的方式，已不再是二十世紀初中期的地緣政治說，戰爭也由三度空間，進入五度空間。綠色政客口中的台灣戰略地位，早已成為過去式。如果連最基本的戰爭方式，都瞢然無所知，已知勝敗矣。

綠色陣中，衹有選舉人才，沒有圓夢的人才，這才真正是綠色夢的缺憾和夢幻者的遺憾。

假議題

丟開李登輝倡議綠色建國運動的十二年執政，單單陳水扁八年為所欲為的完全執政，總應該有足夠的準備時間，累積足夠的資源，促成綠色建國的實現，還給綠色選民一個公道了吧。沒有，一丁點都沒有，即使是蝸牛邁步，也應該走到了盡頭，改頭換面，豎起「台灣共和國」的招牌，改舷易幟，昇起綠色國旗，為台灣人爭出一片真正的出頭天。其答案却令人失望與悲憤，綠色朋友們有沒有想過，或追問過，這到底是為什麼？

問題出在那？出在陳水扁的貪腐，不但不曾累積綠色建國資源，還掏空耗盡綠色運動的資源，經濟上，讓原本殷實的台灣，變成負債的台灣。政治上，讓原以隱形戰力支援台灣綠色運動的美國，暴露在綠色運動的前台，無所遁形，逼得美國不得不自綠色運動的後牆撤退，這一退已不是一九九六年飛彈危機時，美國艦隊距台灣的距離三百海哩（筆者按中共飛彈演習之初，美太平洋艦隊派遣軍距台灣島，一百五十海哩處拋錨，待對方宣佈延伸射程至基隆高雄兩港，美艦即主動再後撤一百五十海哩，拒台灣共三百海哩），而是綠色建國的對立面，「台灣不是一個主權獨立國家，美國對台有政治紅線，防制台灣片面宣佈獨立。」至此，一向把綠色建國重擔，放在美國肩膀上的台灣綠色建國運動，不啻已宣告壽終正寢。

事實上，綠色建國運動，原本就是台灣綠色政治玩家的一個假議題，從未被認真討論過的議題，更未被綠色政治玩家認真實踐過的議題，它是一個綠色政治玩家争取政治利益時的口水議題。李登輝在兩國論前，經不起考驗退縮，陳水扁也在一邊一國論前，經不起考驗退縮，使台灣的綠色建國運動由意識的真議題，變成政治的假議題。

綠色建國，它是一個兩千三百萬人挑戰十三億人的議題。它是一個沒有合法國際政治實體，挑戰聯合國常任理事國的議題。它更是一個青蜓撼石柱的議題。

從綠色建國運動的本身來看，它是一個一旦引爆戰爭，有誰願意走上第一線犧牲的議題。它是一個檢視當下台灣軍中的職業軍人，有多少是屬於綠色建國成員的議題。它是一個迄今為止，還有沒有人寄希望於美日聯手，為台灣綠色建國的議題。

總之，台灣的綠色建國運動，沒有一項是落實到綠色運動者肩膀上的議題，它是一個百分之百祇說不練的假議題。

成功率

綠色夢已不知傳承了幾代人，人事雖變，基本盤始終未變。把圓夢寄托於未知數，所有尋夢者都未認真對待，他們的理想，他們的追求。擺在他們面前的，是無窮無盡的等待，他們在等待什麼呢？一個與台灣光復同樣的奇蹟出現，等待水到渠成，理所當然。八十年前，有位智者蔣渭水先生，為台灣同胞寫過一份「臨床講義」，成了當今綠色夢幻者的見証，若不自欺，不妨重溫一下蔣渭水先生的遺著，便會發現綠色夢的虛幻與欺騙了。

也曾提醒過，圓夢是要付出代價的，現在不妨看看圓夢的路，有多近，或有多遠。是伐交，抑或是伐兵，或二者並行不悖。

兵法云：「夫未戰而廟算勝者，得算多也；未戰而廟算不勝者，得算少也。多算勝，少算不勝，而況于無算乎！吾以此觀之，勝負見矣。」

現代軍隊作戰，戰前都要擬定作戰計劃，參謀部門最少要提供兩套以上的作戰方案，供指揮官選擇。孫中山先生領導的革命，歷經十次戰鬥，他對付的是一個強弓之末的政府。

國共內戰之鬥，死傷逾千萬人，共產黨對付的也是一個傷痕纍纍的政府。今天，台灣綠色夢幻者將要對付的，是一個正在崛起中的上昇政府。這個政府有其不可忽視的優勢：第一，執政者為當下世界級的第一流人才。第二，綜合國力，已隱然進入世界二流國家。第三，傳統武力與戰鬥力，已擠身世界一流。第四，戰鬥系列已進入五度空間。第五，軍隊指揮系統引進多學科高學歷人才。第六，有著龐大精練的後備戰鬥力。第七，有完整先進的武器裝備發展系統。第八，佔據有利的國際空間。第九，高昂的民心士氣。第十，發動戰爭的主動權。

中山先生的革命，成功的一個最大最重要因素，有眾多的仁人志士，棄文習武，前往日本學習軍事，成為革命成功的張本。幾十年來，綠色夢幻者的先驅們，有誰做過這種犧牲，這種準備。陳水扁做了八年的綠色總統，從未想到要厚植國力，儲備人才，相反的是掏空國庫，與四百餘萬綠色選民有志一同，把美日當作圓夢的槍手，把自己的成功，寄托在別人的犧牲上。蔣渭水先生地下有知，他將再為這四百餘萬綠色台灣人，寫一份現代版的「臨床講義」。

如果你是美國人

未來的世界戰爭，被稱之為毀滅性的戰爭，聞之教人不寒而慄，有人竟異想天開，等著從戰爭中圓自己的夢。好像戰爭是別人家的事，又好像自己要與之爭鋒的對手，永遠是被自己保護人所管束著的孩子，祇要對方敢與自己為難，便會受到保護人的懲罰，所以自己樂得偷閒，不輕言犧牲，不妄使力氣，需要時，高分貝叫囂就夠了，以上是綠色夢幻者的酣夢心理。有人為綠色夢幻者撰了一付對聯：「美國種樹，綠色乘涼。美國作戰，綠色作官。獨立建國，美國當綱。綠色綠色，真箇好康。」橫批是「你死我活」。

歸納幾年來，新聞報導所傳遞的訊息，能不能如綠色夢幻者的意。

三年或四年前，中國戰爭學院少將副院長朱成武，回答電視記者的訪問時，曾說過下面的一段話：「中國將把蘭州以東的城市，交給對方——。」

戰爭學院的副院長，階級雖非上層，但他是中國戰略的研究者，容或還是個製定者之一。他的公開發言，不用做聯想，都含蓄地概括出下列幾層意思：第一，中國有打核子戰的心理準備。第二，中國已具備打核子戰的條件與能力。第三，中國決不忍受外力的干預。第四，中國打核子戰的決心是玩真的，不是玩假的。

二〇〇六年美國防部發現，美國的間諜衛星，一進入中國國境便會失明，被一層黑幕所遮掩。

二〇〇七年，中國發射一枚飛彈，將自製被棄置的氣象衛星擊落，而且是直接命中。這意味著中國的空間戰，已進入第四度空間，打對手的眼睛。

現在大家等著瞧的是打對方的腦袋，作戰指揮中心——電腦，各國都在爭分奪秒，搶制機先，發展「脈衝」技術。綠色夢幻者還在等著天上掉餡兒餅下來，對付這些醉生夢死者，蔣渭水先生若還活著，不知還能為他們開出什麼藥方？

如果你是美國人，你會為了台灣的綠色圓夢，去冒戰爭的危險嗎？

布希總統北京行

美國布希總統在赴京奧之前，忽邀亞洲媒體座談，曾兩次主動談到台灣，聲稱美國對台政策有紅線，防止台灣片面宣佈「獨立」。這是針對二〇〇四年，鮑爾北京談話的進一步論述，也可以說是宣示。為什麼會在這個時間點上，說這樣的話，令人想入非非。

布希總統赴北京參加奧運，與台灣宣不宣佈獨立有什麼關係，可以說是風馬牛，毫不相干。問題是他不但說了，而且是在沒有媒體提問下，主動連說兩次。將布希總統的話，與二〇〇四年鮑爾國務卿北京宣示連繫起來，已明確看出美國今後外交政策的走向。鮑爾的話，台灣不是一個主權獨立國家，可以解釋為對現在進行式的否定。布希總統的話，乃是進一步對未來進行式的否定，不給台獨留一絲一毫的空間。也即是不容許台灣在獨立問題上製造是非，台灣獨立已成為「死結」。台獨向所依賴的美國已不再支持，除非另找靠山，原有的一線希望，已告完全幻滅。

奧運是一個國家實力的展現，除經濟實力與技術實力，組織實力是其中最重要的軟件實力。無可置疑，中國在今次奧運中已展現出它的真實實力，令世人括目相看，才會激起布希總統的強烈好奇。以其當政者之尊，宣稱急於參加京奧，表現得於此熱烈急切，衹是為了一睹盧山真面目嗎？應該說，審視與評估，中國在奧運中所呈現的總體軟硬實力，作為今後美國應對的參考，才符合布希總統此行的目的。

不管什麼立場的人，做什麼樣的解讀，美國的立場在變，則是一不爭的事實。變的因素，其中的關鍵，兩岸的實力差距愈來愈大，中國與美國間的實力差距愈接愈近。衡情度理，美國不可能為了台灣而犧牲自己，台灣的人自己都不肯冒險犯難去為獨立犧牲，要求美國人的子弟來為台獨犧牲，公平嗎？不公平。

中美之間，為了台灣問題，曾多次走向危險邊綠，中國因國力不濟，未敢輕露鋒芒，美國雖自負實力，因有韓戰的教訓，也不敢輕啟釁端。自胡錦濤主政，形勢丕變。一則自身國力蒸蒸日上，一則利用美國的自負心理，以美國為先，但要求不得損害己方利益，輕輕一推，把個台獨燙手山芋推給布希，自己省事又不傷神，台獨反被美國綁得更緊，這便是不戰而屈人之兵的謀略。

台灣社會要求「獨立」也好，維持現狀也好，「口水」是不能成事的，實力與謀略才是硬道理。

眞假綠色

俗話說「真的假不了，假的真不了。」陳水扁的綠色，假的成份己經滿到往外流了，再也掩蓋不住了。他不止引起真綠色的關注，疑慮，也己按捺不住要大聲疾呼了。這兩天紐約綠色機關報「自由時報」，開始以社論向陳水扁發砲，這春雷乍響，傳遞的訊息是什麼呢？它告訴人們，綠色內部的「真假」綠色矛盾，將要擺上桌面來了。

今年底台灣立法委員選舉，陳水扁為了勝選，將綠色資源一股腦兒用罄，逼得美國務卿鮑爾飛到北京向全世界宣佈台灣的底牌，台灣不是一個「主權獨立」國家。陳水扁對美國的大棒仍不死心，硬要頑強掙扎，不惜透支綠色資源，這能不引起真綠色的注意與省思嗎。凡是真綠色人都不禁要問，陳水扁對綠色資源如此不加珍惜，他到底打的是什麼算盤呢？他的綠色到底是真還是假呢？不問猶可，這一問，問出陳水扁的狐狸尾巴來了。

陳水扁是個典型的功利主義者，他假借綠色在台灣政壇上翻雲覆雨，縱橫捭闔，不惜犧牲綠色，以達到個人獨享權勢的目的。他深知在現實國際政治格局下，根本沒有綠色圓夢的空間，如果他是個真綠色者，他應該學鄧小平在改革開放剛起步時一樣，對美國外交採取韜光養晦姿態，以示不會與美國爭鋒，從而贏得時空緩衝。陳水扁不圖爭取緩衝，反而反其道而行，不斷向對岸挑釁，以示英勇，全不明白自己在大量耗損綠色資源。對內他把內部矛盾變成敵我矛盾，內耗不斷，把一個小小的台灣，搞得四分五裂，大陸人與閩南人之間，勢同水火。如果陳水扁真敢宣佈綠夢成真，祇怕大陸的解放軍還沒有登陸，台灣內部便先打起來了，能說陳水扁是真心領導台灣走向圓夢嗎？

不錯，玩政治就是玩「有我無你，當仁不讓，捨我其誰。」這原則祇能用到對我有威脅的政敵身上，不能把它當做普及性的手段來施展，連選民都槓上，都勢不兩立。對那些擁護政敵的群眾，應展現自己的寬容雅量，團結那些不被團結的人，使他們知所感念。省籍情結是陳水扁翻來覆去使用的一張牌，也是他分裂台灣的一張牌，將來覆亡台灣的，還是這一張牌。

主體意識

凡是想要而沒有的東西，才要爭取，才要彰顯。所謂「主體意識」，它的別號叫做「主權獨立」，台灣愈彰顯，愈讓人覺得你沒有。何苦把自己的弱點，暴露再暴露，值得這麼一而再，再而三，三而四的重復嗎？

伴隨著主體意識衍生的，矮化與尊嚴。以人而論，高矮是不隨人的意志轉移的。所謂矮化，並非實質性的由高壓縮變矮，而是心理上被壓抑或自我壓抑，其表現一是自卑心的外向化，對歧視產生過度的敏感，一是因為過度的保護，而內向化，由之而生心結，自我設限，最後形成禁區。這個禁區等於是一個雷區，碰不得，一碰即爆。以奧運模式而論，中國與中華，單辭「國」與「華」容或有不同，但從合成辭義看，「中國」與「中華」，實在很難區別兩個辭彙的內容涵義。按台南新世紀出版社出版之「國語新辭典」中之辭義解釋，都可以釋為中華民國的簡稱，依此類推，當然也可以釋為中華人民共和國的簡稱。再按英文名稱都是「CHINESE TAIPEI」。既沒有十分明確的定義分類分辭，用得著分涇分渭嗎？不這麼矯枉過正，反而不會引起「正名」的質疑，就因為自我設限，自我設禁，反導致自我暴露。運動不比練武，本來沒有罩門，自己硬要虛設個罩門，供對方把玩，一會兒緊，一會兒鬆，搞得自己六神無主。不能不令人懷疑，台灣的政治玩家，有沒有政治頭腦，不從謀略上取勝，老在一些雞毛蒜皮上糾纏。

一定要說成中共存心在字面上矮化台灣，也不公平。對岸要是有心，它對香港與澳門的用辭，一開始便使用與台灣類似相同的名稱，「中華香港」「中華澳門」，試問台灣又將如何以對。鬥爭要講究靈活性，在虛名與實質之間，應務實棄虛。現在的情況恰好相反，棄實務虛，從羅馬奧運開始迄今一甲子，從不在競技場上爭出頭天，捨本逐末地在順序上，爭進場與出場，不覺得自己可悲嗎？

民進黨執政，其作為幾近幼稚與無知，在中華民國護照上，蓋上「台灣」兩字印記，這就體現台灣主體性了嗎，除非被列入聯合國憲章內，任何人都可以任意解讀。本是中央政府的中華民國，加上「台灣」兩個字，便由中央降格為地方。它可以被解讀為中華民國台灣省頒發的護照，或持護照人為中華民國台灣省公民。中華民國護照本是上國衣冠，硬要仿照香港人，先持英國海外護照，做二等公民。今天改持中華人民共和國「香港」特區護照，如果胡錦濤持的中華人民共和國護照是一等，那香港特首持的香港特區護照便是二等，台灣值得自我矮化去與香港看齊嗎？中共官方如看到「中華民國－台灣」這本護照，一定會非常非常的開心，從他們的立場來解讀這本護照，被認為台灣終於承認自己是一個地方政府，統一的障礙已被台灣自己掃除。再回朔到李登輝主政時代，將台灣省主席改稱省長，從建制上配合大陸的行政區劃。兩相對照，原來高舉台獨大旗的李登輝，早在台灣大陸人誓死反共的年代，便在中國統一的進程上，暗蓄玄機。加上陳水扁執政，用護照來降格中華民國，由中央降格為地方，不能不令人懷疑，這兩代人是不是中共的地下黨員。否則，兩人便都是弱智者。才會出現這麼弱智的思維，這麼弱智的決策，釀成這麼弱智的結果。

尊嚴是什麼，人格形象，不苟取，不巧取。盜竊貪腐的人不可能有尊嚴，好逸惡勞，不求諸己，老是等著天上掉餡兒餅的人，不可能有尊嚴。台灣某些政客，在彰顯台灣主體意識時，總不忘前胸掛著「美國台灣關係法」，後背揹著「美國台灣關係法」，把「美國台灣關係法」當作防彈背心或戰袍披在身上，即使世人要給你尊嚴，人家也難以出手，同時也遞不到你手上，因為隔著一堵「台灣關係法」防護高牆。要尊嚴便不能披別人的戰袍，它必須自身冒險犯難爭取得來，老是異想天開，等著別人犧牲，自己來享成果，這樣的思維，這樣的行為，能有尊嚴嗎？

挑　釁

中華人民共和國，從中國的主格來稱呼，應是中國共產黨政權，或簡稱中共政權。自建政以來，對外有過四次戰爭，打的都是不對稱戰爭。

第一次是韓戰，雙方實力的懸殊，可謂天壤之別，無論戰力、補給、後勤、醫療，都遠遜於美國，能夠扭乾轉坤，靠的是人定勝天。人的因素中，古人給留下了大量的兵學知識，它是戰爭致勝，以弱制強的瑰寶。戰場上指揮官的定力、智力、毅力，戰鬥人員的視死如歸，都為戰爭增添了勝數。

第二次是中印戰爭，二十世紀的六〇年代，印度軍隊不斷在西藏邊境侵蝕挑釁，中共政權不斷予以警告誡斥，不但不檢束，還變本加厲，在忍無可忍下，出兵以對，同樣是在武器備裝不對稱中，將印軍包圍繳械，回到原有國境綫上，安分守紀。

第三次是共產主義的鬩牆之戰，也是國際間有名的「珍寶島」之戰，雙方打得很有節制，未使戰爭擴大，適可而止。

第四次是懲越之戰，北越統一南越之後，俘獲美國一百億美元的援越裝備，一時自我膨脹，目中無人。又正當中蘇交惡後期，受到蘇聯慫恿，自持美式裝備優勢，不斷在中越邊境滋擾挑釁。中方領導人鄧小平，趁訪美之便，告之當時任美國總統的卡特，將對普告統一的越南，發動懲罰之戰，此戰中方犧牲雖重，但畢竟達到了懲罰目的。

戰爭對任何國家言，它都不是一個常數，非到萬不得已，不會輕啟釁端。但當一方錯估形勢，把挑釁當作手段，不斷地製造事端，一幅有持無恐心態，便會觸發戰爭。縷述上述戰爭歷史，目的決非長他人志氣，而是勸誡某些輕浮躁進的政治玩家，千萬別因著個人的政治利益，而恣意挑釁，為全民招殺身之禍。

摸老虎屁股

張銘清事件，有民進黨女立法委員說，「對敵人不必客氣」，這位女立委連人際關係中之「彼」與「此」都分辨不清，如何能為全民立法，規範人的行為，表率社會的是非善惡。

對有仇恨的人，才能稱之為敵人，張銘清是學術單位，專程請來參加學術研討會的客人。祇因為他是中國大陸來的客，民進黨女立委就視之為敵人，如果把這位女立委的泛敵視主義，放到大陸的全民身上，女立委妳在向十三億人挑釁呢？

小時候看到一位遠房長輩，他的下巴殼失去控制，說話不清，終年流著口水，生相非常醜陋，每見到他唯恐避之不及。及長聽到長輩們提及他的故事，才知道他是因待人不遜，遭到懲罰，才落得殘疾終身。他年青時，愛挑釁，動輒惡言相向，一日途遇一老者，一言不合，立即出口傷人，老者忍至再三，終於性起，隔空揚手一掌，尚未捫實，下巴殼被當場端下，中西名醫都無力回天，祇能讓他抱憾一生。

把挑釁當作政治上，揚名創萬的捷徑，正是當下臺灣政治玩家的最愛，連女性政治人物都趨之若鶩，可見它是一招搶手的政治熱招。挑釁是一種極不理性的行為，也是一種輕薄無知的行為。如果被濫用，容易被上綱上綫，也容易遭致泛濫成災。對內，它會造成內部失控混亂，對外，它會招致報復與懲罰。

尊嚴不是用輕狂來展現的，它是凝重與智慧的產物，台灣有報紙稱，張銘清事件，大陸是打落牙齒和血吞，台灣的政治玩家若還不知進退，若還恣意妄為，後果堪虞。忍讓雖然可以展現修養與氣度，但不是無限為大的，各有其不同的尺度，現成的例子是印度與越南，都曾向老虎挑釁，因累誡不聽，把老虎視作犬儒，結果是都被嚴懲不迨，別以為老虎屁股是隨意讓人摸的，緊隨在輕狂後面的，便是難堪。

現代版的精神勝利法

發生在台南市的大陸學者張銘清，被襲擊倒地事件，是一宗特大號現代版的阿Q正傳。它凸顯出綠色人對綠色建國運動的焦慮與絕望，已到歇斯底里似的垂死掙扎，這些民進黨精英份子的行為，不亞於演出一齣台灣政治人性解剖錄，典型的儒夫行徑。

郁慕明筆下大器的武漢人，其迎賓用語竟是「來了就是武漢人」，是何等的器識與氣魄，語說「勇者無懼」，勇哉，武漢人也。相對於台灣的政治語言「大陸猪」，六十年來從不認同，來台的大陸人為台灣人，包括李登輝在內的台灣政治人，又是何等的狹猛與自卑。

有容乃大，大才能有所為，一意圄囿於圄的台灣綠色運動，無異於自繫牢籠。台灣綠色建國之路愈走愈窄，絕非大陸片面的打壓，自我窄化，自我沉淪，才是罪魁禍首。不思進取，把建國的理想，放到別人的肩膀上，一味地避重就輕，投機取巧，妄圖撿現成的便宜，從未有人為綠色建國抱必死之心，才會走到今天的絕境。李登輝陳水扁二十年執政，都走不出此囹圄，馬英九接續的，更是一個走到綠色盡頭的台灣，他若不與大陸修好三通，台灣連生存都會發生問題。時至今日，連美國都拒綠於千里之外，這等於是抽掉綠色人搏奕的籌碼，綠色人還能搏奕嗎？

綠色人如真有理想，有抱負，就應不惜犧牲，更應該有志氣，不再躲在美國人身後伸脖子。放眼今天的綠色運動者，祇見懦夫，見不到勇者。

泰勞啓示錄

孟子曰「無是非之心，非人也。無惻隱之心，非人也，無羞惡之心，非人也。」這是作為人的基本定義。

台灣自一九八九年開放引進外勞，到二〇〇五年，前後十七個年頭，每年留在台灣工作外勞超過三十萬，總計有三百萬以上的勞工曾在台灣工作過兩年時間，據泰國勞工鬥陣組織處長 **Lek** 說（見八月二十五日台北聯合晚報）泰勞的非人生活，溯自李登輝時代開始，長達十六年之久，受害人數超過三十萬，歷經兩個朝代，如果不是泰勞發動自救，世人還被矇在鼓裡。這比之希特勒的煤氣謀殺，即使不過之，也不遑多讓。因煤氣謀殺死得快，受折磨的煎熬瞬間即逝，而被關押在台灣的泰勞，其精神與體力是一點一滴地被壓榨出來，其痛苦與煎熬，屬於現代化的新版「凌遲處死」。

李登輝自詡為摩西，原來他帶領台灣人走的並非耶穌基督的愛的道路，而是他緣自日本武士道精神殘酷嗜虐的道路。台灣人若非拜李登輝之賜，怎麼能在他十二年執政期間，去中國化去得如此澈底，不留一點仁義道德的渣滓。

民進黨陳水扁執政，政治則不爭千秋，祇顧爭朝夕，做人則不講是非，祇顧爭得失。對三十萬泰勞，即使不予人道關懷，于自身安全，也不應長期任其自生自滅，不聞不問。直到紙包不住火，還在自圓其說，企圖用大雷聲小雨點來滅火。副總統呂秀蓮高喊台灣人權蒙羞，她考量的是國際政治的得失，聽不出一丁點對泰勞的人道關懷。勞委會主委陳菊，則泛指泰勞仲介管理，內中有有力人事後台，言外之意，並非勞委會不知情，而是力有未逮，推得一乾二淨。

由泰勞事件，看到了陳水扁的官場文化，一無是非之心，二無羞惡之心，三無惻隱之心，官箴與尊嚴，蕩然無存。

蔡跑跑

汶川大地震震出一個范跑跑，無獨有偶，大陸海協會長陳雲林訪問台灣，造成台灣政治大地震，又震出一個蔡跑跑。兩人當任的職務性質雖有不同，其棄職落跑，有虧職守則一也。

陳雲林訪台，民進黨人發動圍城堵路，顯然已超出民主法治的集會遊行法。不論台灣現行的集會遊行法，如何悖情悖理，民進黨的圍城堵路，決非民主法治下人民表達異議的常態。放到任何民主國家，都會被視為妨礙公務，進而向公權力挑戰，都屬於不能被容許的暴民行為。更何況民進黨人一而再，再而三，向執行公務的警察實施暴力攻擊，投擲石塊及汽油彈，造成執法者受傷受害。

不妨打開西方民主國家，對付民主暴動的畫面看一看，西方警察對待暴民的暴動行為，警察的棒子是要舐血的。西方民主表達異議是被劃地自牢的，不是任意擠壓，或採取攻擊性行為的。

曾多次在美國參與向中共嗆聲的愛國示威遊行，遊行的路線不但須獲治安當局核准認可。一路上展示示威的活動，也有一定的範圍與節制，其最重要的考量，為公共秩序與安全。稍有逾越，維安警察即予示警，如再不安分守常，便會招致嚴重警告或逮捕，沒有討價還價的空間，有理由也衹能到法庭上向法官申述。民主政治下的非理性行為，凡暴動現場，都是個不講理也不能講理的處所。民主並非為所欲為，它是一個展示理性與法治的場所，失去理性，別奢言民主。

蔡英文的問題，一是興於始未能終於始，二是忽略了民主是高度理性的行為。她把追隨者推上第一綫，火中取栗，宣稱勝利，自己則中途落跑。她把那些甘冒石矢的民眾丟在現場，投擲石塊及汽油彈，自己逃之夭夭，還說他（她）們是黑道流氓，其言其行，連一點江湖道義都沒有，聞之，令人齒冷。

沈富雄與呂秀蓮

兩個同是孤鳥，一清一濁，令人觸目。

直綫型人格的人是很少的，青少年時代，人常常會幹些自己高興，令別人厭惡的事。看來那些無傷大雅的事，有的人會隨著年齡增長，自我改正斷絕，有的人則食髓知味地自我陷溺，人格的分野，便從這兒開始，有人成正果，有人成寇賊。

陳由豪事件，是沈富雄擺脫濁流，劃清界限的開始，這之前，正是他政治的青少年期，之後，他步入政治的壯年期，日見其成熟，其政治的正直人格開始綻現。從過去的志同道合看沈富雄，認定變的是沈富雄，從人格的一致性看沈富雄，變的不是其人，而是是非的認知與取捨。當他確立了他的是非標準之後，他心中便多了他自己的一把尺，這把尺使他與民進黨人，愈走愈遠，遠到祇剩下他孤身一人。

公眾人物的品牌，是由自己創造的，沈富雄脫離民進黨之後，無疑創造了他自己的品牌，其公信力已延及海外。此次中箭落馬，第一大輸家是立法院中的國民黨團，沒有氣度、不識大體，祇有私利、缺乏公義，把所有小人的敗德都抖露了出來。第二輸家是國民黨中央黨部，同樣是沒有氣度、不識大體，不該把馬英九的過失，放到國家大事上來操弄，放下大是大非不管，為的祇是要教訓馬英九，這和民進黨的祇操弄政治，不管經濟民生，同樣是捨本逐末。第三個是馬英九，跟隨蔣經國那麼久，怎麼做領導人的本事，一點都沒學到，倒學會了他的獨裁顢頇，不同在一個是硬性，一個是軟性，考監兩院人事案，這麼大的事，諸然連黨部都不知情，這也叫政黨政治，真該打屁股。

呂秀蓮祇在為自已利益計算的時候，才會說一些令人激賞的話。多數時候，她所扮演的角色，都是權力者的幫閑，或修辭學中，權力者語言的"Booster"。

從第一天坐上副總統寶座開始，呂秀蓮已經是名利雙收的幸運兒，兀自不甘寂寞，自封深閨怨婦，這是因為她不懂得民主政治的常態，副總統原本就是個備位總統。她的怨嘆，也說明她這個人不肯守份守常，爭著出人頭地，這也是每個從草莽走進廟堂者的必然心態，享祿還不夠，還要享權。

呂秀蓮若非權力的貪婪，不會走向自我毀傷，從兩顆子彈已說明呂秀蓮陷溺之深，她竟然說那是為台灣人民擋子彈，不知道她在深閨獨處時，想到自己的謊言，會不會臉紅心跳。

正派與正直

正派不等於正直，蓋正派止於獨善其身，正直則兼善天下。

一個人要做到獨善其身的正派不難，要做到兼善天下的正直，便很不容易。原因不外乎獨善其身，祇需要勤於自律，勇於自勵，守住個人的牢籠，便是一個正派人。正直則在正派之外，還要在心中存有一把正義的尺，一面量自己，也量自己週邊所有的人和事。並對那些不符合尺度的人和事，即時提出己見，申之討之。以義之所在吾往矣的大無畏精神，勇往直前，沒有猶豫，決不苟且，這才是一個兼善天下的正直人。

正派人即使不在權勢或金錢面前低頭，但在權勢或金錢為惡時，他也不會振臂而起。因為正派人有一個附加性格，人不犯我，我不犯人。他不認為義是做人的責任，管好自己才是自己的責任，對別人的惡行不義，祇顧親疏，不問是非。當施明德發動百萬紅衫軍倒扁時，被社會期待的正派人林義雄，他選擇支持的對象是陳水扁，林義雄「正派」的價值取向，竟是一個被社會公認的惡行不義者。

當馬英九總統遴選監察院長人選時，有人提及同是正派人的林義雄，為什麼得不到社會的認同，因為他的人格特質中，缺少一把尺。反不若沈富雄，二〇〇四年為陳由豪案與民進黨決裂，不以一己的私情為念，更不以一己的政治前途為念，因為他心中有一把重於一切的「尺」，贏得社會的尊敬與信任，他被提名出任未來四年，監察院副院長，實至名歸。

由高志鵬想起的

當中國最貧弱，被世人卑視、欺淩的年代，中國人自卑過，但沒有自甘隨落，不管當時的中國如何貧窮落後，中國人的潛意識裡，仍不缺乏自負與自持，一種源自文化遺傳的自我肯定與自信。而這個支持中國人忍辱負重的精神支柱，那便是積澱五千年的中國文化。今天的中國與中國人，已遠離百年前的貧窮落後，中國人厠身世界舞臺，未嘗一日或忘，往日的屈辱。之所以能夠自抑自省，折節下交，此中的伸縮轉折，仍然是源自於中國文化的「恕」道。

一種「寬」以待人的態度與胸心，人遇到逆境時，最容易變化器識，狹猛偏激，不能容物。一百年的偃蹇，沒能屈服中國人，對淩辱過我們的西方人，尤以日本人為甚，中國人抱有不同程度的敵視，但從未克意尋求報復。

中國人的民族性格中，還有一個從正統「義」文化，衍生出來的旁生文化，「俠」文化。其涵義是顯性的抱打不平，隱性的為善不為人知，尤其後者，是為俠的最低境界。

「恕」與「俠」又是江湖文化所崇尚的最高境界，江湖人的道德標的。

高志鵬厠身江湖，一點都沒有江湖人的義俠之風，祇見其狹隘與狂傲，對二十年前的挫折，猶梗梗於壞。蘇俊賓曾為高志鵬師，考試成績不及格被擋，不自反省，反懷恨意，已失之寬厚。猶有甚者，當其師蘇氏被提名為典試委員時，高志鵬不是以與有榮焉的敬仰之心，恭之賀之。而是為善唯恐不為人知，當面告知當事人，你擋了我，我卻不會擋你，竟把偏狹輕狂當作善心善意。這到底是教育的失敗，師道何存，人性何存，還是單純的人性惡質化，或者是兩者互為因果，令人困惑。

潘孟安的經濟學

朋友的尊堂大人做九十大壽，邀請幾位至親好友聚餐祝嘏。筵開兩席，當大家舉酒祝頌之際，主人宣佈餘興節目，觀賞台灣立法院施政質詢。有人迫不及待，要求立即播放，主人從善如流，節目在掌聲中開始。

上任一個月的行政院劉兆玄院長，到立法院做施政備詢，潘孟安委員，要求行政院仿效南韓新加坡香港，為全民退稅，真是神來之筆。

提出全民退稅，備受關注的是錢從那理來，潘委員不假思索，他心中的退稅儲備款，乃行政院擬用於建設投資的錢，如移挪用來退稅，每人可分得二千五百元。劉揆不予認同，兩人辭來語往，演成唇槍舌戰，當眾賓客聽到潘孟安說出「民進黨執政沒有『通膨』」時，全場爆出一陣如雷掌聲，有位女仕正起身向主人敬酒，聞言忍唆不住，將口中含著的一口紅酒，祇聽噗哧一聲，差幸她的頭轉得快，沒噴洒到桌面上，卻舖頭蓋臉全灑到她先生身上，更引得全場哄堂大笑。

有人幽默地說：「沒想到潘孟安的話，竟有如此效果。」人叢中有人提議，不妨就潘孟安的觀點，探討一下潘孟安的經濟學水平。「我附議，最多小學水平。」張會計師搶著發言。「太高了吧，依我看最多幼兒園。」肖工程師慢條斯理地說。「你們都不夠專業，還是讓經濟學教授，王老師發言。」人叢中有人提議。眾人不約而同地把視線投向一旁微笑的達克特王，大夥正在催逼，急性子迷死李早已忍不住，一邊猜一邊替他作答：「博士」沒有回應，「碩士」？「哎呀！妳攪和什麼？大夥要聽教授的意見，妳走開。」吳太太忙攔住迷死李，並把她拉到一旁坐下。王教授被逼不過，輕聲道：「學前班」、「請大聲一點，沒聽到？」距離遠的賓客大聲地嚷叫，坐在靠近王教授的人高聲復誦道：「學前班」，聲音拉得很長。

「通膨」是什麼？潘孟安祇抓到一個名詞，從他把通膨責任推到剛滿執政一個月的劉揆身上，已看到潘孟安的經濟學，身上穿的是國王的新衣。亞洲三小龍能夠全民退稅，拜政府預算盈餘之賜，台灣如果有錢為全民退稅，還會等到潘孟安來提案嗎？不為別的單為選票，陳水扁早在選舉前便退個乾淨俐落了。民進黨人是個祇有舌頭沒有腦頭的黨，總以為台灣人民還停留在八年前的愚民時代，祇要為他們爭錢，人民就會認同，鼓掌叫好，站到民進黨一邊。這說明此次大選慘敗，沒有給民進黨的行為帶來任何教訓，沒能給民進黨的本質帶來任何改變，更沒能給民進黨的思維帶來任何啟發。祇見其故態復萌，輕佻、淺薄。

吶喊與呻吟

吶喊屬于高分貝的發聲，呻吟屬于低分貝的發洩，語說「不平」則鳴，鳴的方式便是吶喊。不平有是非曲直的不平，此正義之聲也，其聲悲壯，其氣塞蒼冥，故能爭取同情與認同，支持與臂助。另有胸中怨懟忿懣的不平，其鳴無關乎是非曲直，甚或以非為是，以曲為直，純係個人或團體的仇怨，故其聲哮，其氣促，除了聳人聽聞，甚難獲得迴響。

台灣在過去的五十年中，有過長達四十年的威權統治。也許正是那種無私奉獻的威權統治，才造就了台灣的經濟奇績，致人民于富裕幸福。綠色夢幻者面對清廉負責的威權統治，吶喊時便顯得智窮力拙，台灣人民既非水深火熱，反生活富庶滿足。為求引起國際社會的關注，竟自異想天開，以為祇要片面地不認同中國，訛稱自已不是中國人，便可以實現綠色綺夢，攫取國際社會的認同與支持。因其缺乏訴之國際社會的正當理由，其吶喊的分貝愈高，聲量愈大，引起國際社會的反感也愈強烈。即使是護綠不遺餘力的美國，有時也會感到煩燥與不安，不斷地予以警之戒之，不要片面掀起台海危機。戒之猶恐不力，還必須宣之示之，近期美國務卿鮑爾的話，就是要予綠色夢幻者當頭棒喝，他明確表示台灣海峽的未來，應由全體中國人來做決定，此處的全體中國人包括兩千三百萬台灣人，與大陸的十三億人，這不也是告知綠色夢幻者，你也是中國人嗎，你們的夢要與全體中國人商量決定，千萬不要亂來。

台灣可以用民主取代威權，要想以民主來取代綠色，那就不啻作繭自縛了。美國護綠有其本身的利益目的，而其本身利益並非是一成不變的，由五〇年代圍堵中國協防台灣，七〇年代與中國建立邦交，二十世紀末又建立戰略夥伴關係，其中經過無數風雨與反覆，美國都是圍繞著自身利益打算，從來沒有為綠色的人和綠色夢做過打算，綠色夢幻者可以掩耳盜鈴假裝不知，但身為台灣人就不能不有所知，進而有所思，因事關身家性命，子孫幸福，豈能任人翹舌，信口雌黃。

美國當年能夠圍堵中國，乃因東盟的合作，如今時移事異，東盟的印、馬兩國與美國的盟友關係愈離愈遠，而與被圍堵的中國愈走愈近，這意味著美國對東南亞國家的影響力已日漸減弱，中國在崛起其影響力也在增加。美國在其對亞洲國家頤指氣使的年代，都不能也不敢保送綠色上壘，今天的美國因侵略伊拉克而陷入四面楚歌，它還能與十三億中國人為敵，為台灣的綠色夢而拚命而犧牲嗎？

倡導綠色的民進黨人，自二〇〇〇年五月二十日奪得台灣的統治權開始，迄今已八個年頭過去了，帶領民進黨執政的陳水扁從不敢宣佈綠色台灣，一竟在綠色的邊沿地區徘徊，趑趄不前，這到底是為什麼？問題在綠色夢幻者沒有圓夢的空間，更沒有圓夢的支撐。綠色夢幻者可以冒進，唯陳水扁深知冒進的危險，此所以他祇能說些曖昧的話，以搏取追隨者的掌聲，對實現綠色夢幻，他什麼都沒有做，事實上，他什麼也不能做，連美國都不能，陳水扁或民進黨人能嗎？

今天的綠色之聲，其聲也哀，其音也黯，其氣也短，此呻吟之聲也。

偏見與戰爭

偏見常常會使一個人的心理失去平衡，再用這種心態去對待問題，那原本是正面的事，往往就變成反面，久而久之，偏見便會變成偏激。偏激是一種對誤解的有意或故意執著，從而使偏見成為真理。一旦偏見成為真理，凡阻擋真理實現的阻力都會引發仇恨，這是當今綠色人士走向綠色的心理過程。若不明白這個心理過程，還以為他們是天生的民族叛徒。

偏見的形成，是因為偏見者凡事都從對立面看待問題，這一方面可以鞏固心防，另方面是用以「反非為是」的最佳途徑。前者為了堅定自我，後者為了說服追隨者。故偏見所指的對象，欲待與偏見者謀求緩解或消除其偏見，單是單方面的忍讓或試圖解釋，決不能解決雙方的歧見，這必須偏見者有極高的智慧，如藺相如與廉頗的故事。不同的是，廉頗與藺相如是兩個個人間的偏見，而當今的綠色卻是一個有組織，有國際後援的集團，其領導人又正是一群政治野心家，他們正是要藉此偏見達到奪權的目的。

再說綠色走到今天這一步，已是數十年來偏見累積結果，偏見者已不是當初的一小撮人，而是一個龐大的群體。群體運動有個特徵，既盲目又盲從，凡被捲入運動中的任何個人，都會失去自我主宰的能力，身不由已地，但又是自覺自主地參與投入。群體之間有個無形的張力，使個體與個體間相互牽引制約，使之凝固團結。對付這樣的群體猶如攻擊一個城堡，那裡面的人是個共生體，要群體放棄他們的偏見，比之要求個人就更見其難了。

偏見者為了鞏固心防，有意地躦進牛角尖中，自築陣地，摒除一切可聞可聽的資訊，同時也阻擋同構者的資訊輸入。任何試圖解除偏見者的偏見，都屬徒勞，因為偏見者不但自我固執，還不斷地接受外力的煽動與干擾。問題是一旦偏見者的對象，失去耐性，其後果便屬堪虞。

令人不無杞憂的是，若偏見者的對象，試圖從談判中解決問題的嘗試失敗，便會轉而想到戰爭。因為，偏見者的對象也有其自我的偏執，國家領土主權完整的偏執，當他把此偏執視為天職時，便會從溫和轉趨激烈。

用戰爭來解決偏見，雖然不是最好的方法，卻是偏執者認為最後的方法。第一，戰爭可以不要說理。第二，戰爭可以把群體視為個體。第三，戰爭可以在瞬間摧毀偏見者的心防。第四，戰爭會使許多盲從者從盲目中清醒過來，覺今日之是昨日之非。第五，戰爭也會使許多無辜者，遭受池魚之殃。這應該是戰爭引發的最大不幸，但比之在偏見中煎熬，也有瞬間解脫之快。故偏執者看來，解決偏見的最佳選擇，戰爭被認為是一個不得不已的選項。

綠色運動不是一個單純的爭取主權獨立運動，還包括一個仇視中國和中國人的運動。島內的族群對立，每遇選舉就會發燒昇溫，以數學級數向上昇級。這無疑是偏見與反偏見的對立，偏見者在歷經挫折之後，將此累積的怨懟，化為仇恨，發洩的對象首先是近距離，島內的族群對立面大陸人，其次是對岸的中國人。今天未能爆發的種族滅絕，是因著對岸強大外力的壓制，一旦取得主權，獨立建國，外部壓力消失，則數十年來偏見者積壓的不平與憤懣，將一洩不可收拾。偏見者將以戰勝者的姿態，揚威社會，欺壓鄰里，反抗衹會遭致更大的報復，語說星星之火，可以燎原。証諸踹陳水扁一腳的蘇安生，因報復遭致重傷，可預見的是，轉瞬間將爆發全社會的種族滅絕暴動，也許非綠色者所願，但會為綠色者所許。到那個時候，種族滅絕死亡的人數，必將千百倍于解決偏見的戰爭。

未來中國的反對黨

二○○四年連戰以國民黨黨主席之尊，走訪中國大陸，受到朝野及民間的熱烈歡迎。這意味著什麼，不論從中國的政治觀點或立場，除中國共產黨外，中國國民黨是中國境內享有最高知名度，受人民歡迎的政治實體。

國民黨為什麼會享有如許高的知名度？一則它的創始者孫中山先生，一直受到大陸官方及民間的崇奉，再則國民黨在大陸曾有近三十年的執政歷史，包括當今某些中共執政者在內的大陸同胞，都曾經出生或被統治在國民黨的治權底下。三則拜中國共產黨不斷為國民黨宣傳之賜。中國共產黨一直把中國國民黨當作負面教材宣傳，作弄人的是，其宣傳效果適得其反，人民心目中，正面的中國共產黨反而成了負面，因為，今天中國共產黨的腐敗，已取代了當年的中國國民黨，且過之而無不及，亦如民進黨之在台灣。

腐敗是中國政治的宿命，不曾取得執政權的個體或團體，都可清高自許，恣意攻訐執政者，一旦執政，便會轉入宿命中轉伮。腐敗在中國歷史上，已由文化的傳承，進入血統的傳承。証諸接替中國國民黨的中國共產黨，政權輪替後的民進黨，毫釐不爽。

中國境外的政治反對勢力，達賴、民運與法輪功，都帶有極大的局限性，況他們都缺乏政治的土壤與舞臺，沒有討價還價的實力，理所當然也便爭取不到立足的空間。

達賴喇嘛近日與大陸民運人士楊建利，於美國威斯康新州麥廸遜城相見歡，擬建立藏獨與中國海外民運統一陣線，目的當然是共同對付中國共產黨，俾彼此引為奧援。

先說達賴，在他出亡之前，他是西藏的「政、教」領袖。如達賴真有佛祖的菩提心，民主的人權觀，他便應該解放西藏的農奴，解除壓在農奴身上官僚地主的壓迫，還給他們人身自由。他做了沒?他沒做，為什麼?因為官僚就是他自己，及其喇嘛弟子。待他出亡印度，去享受西方人的施捨，他才想到自己在西藏有權做，而不肯做的西藏人「民主自由」。西方人的施捨豈是白享受的，為了求表現和繳交成績單，達賴不得不四處奔走遊說，以達成施捨者的施捨目的。他張口人權，閉口民主，誰能相信達賴不是「口是心非」，除了西方的有心人士，中國人會相信嗎?

楊建利曾編輯過一本「紅色愛國的背後」，那裡面謊言連篇（附不應以謊言攻謊言一文），他正是一個商品化中國民運者，他與達賴的合作，正應了俗話說的「臭味相投」。

國民黨與共產黨鬥爭一甲子，爭到你死我活，今天重新走到一起，雙方應有宿醉方醒的感覺。才能領悟到政治的真諦，不是你死我活，應是惺惺相惜。放眼當下的中國政壇，除國民黨外，餘下的包括中國境內的各黨各派，放到中共的政治天秤上，連法碼都找不到。國民黨應記住兩點：第一，未來能夠促進中國政治走向法治，制衡中國共產黨者，捨我其誰。第二，於今後的兩岸政策，必須拿捏好尺寸，不能妄自菲薄，也不宜妄自尊大，謹記住狂妄自大的反面，便是輕如鴻毛。

不應以謊言攻謊言

讀【紅色愛國的背後】一書有感

中國自康梁變法迄今，百餘年來，知識份子的民主運動，其精神、毅力與犧牲，都是有目共睹的。而中國的政治民主，還是那樣地遙不可及。

一個值得深思的事實是，中國知識份子從事民主運動的最大「盲點」，在不識「民主」的廬山真面目。

國民黨藉三民主義的民主口號，推翻獨裁專制的北洋軍閥。當國民黨從北洋軍閥手中接過政權的同時，也接過了北洋軍閥的獨裁專制。並以比較北洋軍閥更為進步的獨裁專制手段，從事反民主的政治控制。其後中國共產黨也藉着新民主主義的口號，推翻了反民主的國民黨大陸政權，同樣以較國民黨更為精緻細密的獨裁專制手段，從事反民主的政治控制。

無論是當年的國民黨或共產黨，他們都是近代中國知識份子中極具民族使命感，與民主責任心的民主運動先驅。他們以揹十字架的犧牲精神，從事中國的民主革命。曾幾何時，倒過頭來，他們自己又成了反民主的成員。此中的因果循環，不正可以說明，中國知識份子的民主運動，是一個缺乏真知灼見的政治運動嗎？把民主口號當作民主「真諦」，把政治上的奪權革命，視為政治的改革運動。究其實，中國近百年的民主改革運動，本質上，還是歷史循環中的「改朝換代」。

達賴喇嘛曾經是西藏的「政、教」合一領袖，當是時也，西藏是全世界唯一擁有農奴的地區，也是唯一農奴沒有人身自由的地區。達賴有權有勢解放這些農奴的時候，他從沒有想到過，要做美國林肯總统第二，成為當地解放農奴制度的偉大政治家。直到一九五〇年，達賴失去政權，將解放農奴的大業，拱手讓予別人，自己逃到印度，才高高地豎起民主大旗，要為西藏人民爭民主，爭自由。

海外民運人士，一方面罵中國共產黨謊言無恥，萬惡不赦。一方面自己又以更大的謊言，來証明中國共產黨的謊言無恥。楊建利編輯的（紅色愛國的背後）一書，便是一個以謊言攻謊言的實例。該書在序言上，開宗明義，要「用真實的歷史揭穿欺騙的謊言」，也即是該書所載皆真實的歷史。豈料編者在第十七章中，以甚為荒謬的謊言，編導出中國共產黨賣國的種種惡行。

楊書第一六六頁第三節寫道：「一九五〇年二月十二日，在莫斯科，中蘇雙方締結一個令人震驚的秘密協定」。請看該協定的內容摘要：（一）允許蘇聯駐兵中國境內；（二）

交出東北及華北海空基地予蘇聯，中國軍隊直接參與亞洲的解放戰爭。（三）改編人民解放軍為國際紅軍，由蘇聯指揮。（四）送一千萬華工入蘇聯。（五）開放秦皇島、海州、烟台、威海衛、青島及大連准蘇聯永久駐軍。（六）中國應增兵四百萬，供蘇聯侵略行動。（七）中國應減少一億人口。（八）中國各級政府機關，均應設蘇聯特別顧問。（九）開放中國沿海商埠及內陸市場，予蘇聯百分之一優惠稅率。（十）蘇聯有支配中國礦鐵原料等特權。（十一）北京、天津、上海、廣州、重慶、長沙、杭州、九江、蕪湖、厦門、汕頭、福州等十五城市劃出蘇聯僑民特區。（十二）中蘇共管長春鐵路及沿路兩岸五十華里之地區。（十三）雙方同意，共同扶助內蒙、新疆、西藏獨立。

根據上述條款摘要，這全然是個史無前例的賣國條約，關鍵在於該「約」的真實性大有問題？以當時的國際政治環境而言，該協定不啻是一枚國際政治原子彈，更是一個爆炸性的大新聞，被震撼的是整個自由世界。作者衹說明由美外交委員會，於一九五〇年七月十六日在紐約公佈，但未說明公佈的刋物。

筆者查遍一九五〇年七月十六日、十七日及十八日三天的紐約報紙，都找不到有關的報導。且五十年來，該協定所列各款，大部份均未在中國大陸上實現。此外台灣的國民黨政府，正以大海撈針的方式，搜尋中國共產黨的賣國把柄，如楊書作者所指確有其事，則國民政府當如獲至寶，其喉舌豈能緘默，必以斗大的標題向世人昭示，以証明共產黨為國民黨素常所指稱的賣國党。怎麼也不會等到五十年後，由楊書與其作者，來發掘出此寶藏。楊書以謊言為真實的歷史自詡，並以之傳播世人，正是犯了國共兩黨從事民主運動的老毛病，還原到中國知識份子民主運動的慣性中轉攸，沒有一點新意，沒有一點長進。

從事民主運動的中國知識份子，總以為祇要豎起一面民主大旗，自己便是民主的「真主」，正義的「化身」，真理的「代言人」。很難令人想象，似這麼一群民主盲人，他們所從事的民主運動，其中的民主成份，到底有多少是「真」，多少是「假」。

國民黨的未來使命

中國國民黨淪落到今天這個地步，蔣經國先生不能辭其咎，他主持黨政數十年，不但未提昇國民黨的器識與擔當，反妄自貶抑，將一個曾經執掌千萬平方公里土地政權的全國性政黨，降格為三萬六千平方公里土地的地方政黨。經國先生的用策用人，都是此一失誤的主因，他的本土化政策，狹化了國民黨的視野，也狹化了國民黨的人才源流。他的失誤，斲傷了他父親心念中原的宿願，也斲傷了國民黨恢復中原的志氣。

中國的政治改革，武力革命已証明其不可行，每次革命成功，後繼者為鞏固政權，總是被迫採取同樣，或更為激烈的手段。又總是以民主自由興，以集權獨裁終。國民黨從和平演變中得到過教訓，有了教訓也就應從教訓中得到啟發，從而悟出道理與經驗，這是今天國民黨的一筆最大「黨產」。

國民黨不應該淪落喪志，應該擺脫經國先生的本土化陰影，積極開拓，採取以時間換取空間的戰略。對內培養自身的民主素養、民主情操、民主德行。最難得的是國民黨有一個勵志的最好對手，全世界民主歷史上找不到的反面教材，把對手當作一面鏡子還不夠，一個反面教育的老師。一方面鍛煉與之週旋的應對能力，一方面借以端正自己的民主言行，從而訂定出黨與黨員的民主言行規範。對外廣儲人才，以此台灣經驗，去徵逐未來大陸的民主市場，掀起大陸政治上的和平演變浪潮，使自己成為中共之外，中國境內的最大政治實體，反對黨。

和平演變

和平演變，一個令某些人聞之色變的現代語彙，被視為陰謀鬼計或別有用心。究其實，它應是「理性」的代名詞，衹有在充分的理性思考下，以理性的「法治」來取代非理性的「人治」，使國家社會免於改朝換代的殺伐與犧牲，從而走向長治久安。

公平合理乃追求民主法治的目的之一，人治的「不公平」乃一不爭的事實，中國歷代的統治者，為求自保總是乞靈於武力或濫用權力，甚少認識到武力以外的和平方法。執政者或統治者如能認識到，唯理性才能建立「公平」維護「公平」，唯公平才能贏得「公信」，那麼，他們便會捨「人治」而就「法治」了，蓋「公信」乃法治的基石，不亞於百萬雄師，鞏固政權的金城湯池。它與人治的最大不同處，在以「嚴守規則」取代人治中的「隨意性」。這麼說來，和平演變不正是改變人治的善策良方嗎，如能操之在我，有什麼可怕的呢。

和平演變的目的，為了免除奪權與被奪權的激烈鬥爭，使執政者免於被奪權的恐懼，提高理性的自覺，做到自我覺悟自我改造換血。也正因為對執政者有所要求與期待，沒有人會興改朝換代的妄念。

和平演變的最佳模式是「自我轉型」，執政者必需建立「自我調整機制」，從演變中逐步放棄擁有的統治權力，將之交到人民手中，由人民以選舉的方式，再予以授受，這時候執政者的統治權力，才符合現代政治的適法性。統治者與統治階層，一方面受到人民的信托，有充分自信與自尊，一方面對自我抱有極大的期許，便須講究執政的態度與品質。故統治者與被統治者之間，改對立為互動，改隔閡為諒解，改緊張為融和，從而達到和平演變的目的。

「轉型」沒有人要求一蹴而就，但必先昭信天下，執政黨應定出轉型時間表、步驟、及最後目標。讓人民大眾清楚看到每個人自己的未來政治前景，有了前景，還需要有信心，有了信心，才會有耐心等待。人民的信心來自執政黨的公信力，公信力又來自執政黨的承諾，故執政黨在慎思明辨之後，做成的決定，公之於世，就必須堅持信守，以底於成，才能避免外發式的演變。

國民黨的官僚、傲慢與顢頇

玩民主政治，國民黨最不夠資格，因為它本身就不是一個民主政黨，從黨的組織結構，黨的運作方式，到黨的意識型態，都不是民主的，迄至目前為止，它仍舊是個布爾什維克黨。

一九七二年到達紐約不久，某天的黃昏，接到一位朋友的電話，說當晚聯合國將放演芭蕾舞劇「白毛女」。久聞該舞劇盛名，可惜無緣識荊，正遺憾中，突聞此訊，雀躍不已那時候的中國，真正是一窮二白，能夠拿得出手的宣傳品，有限得很，芭蕾舞劇白毛女，確實可以稱為翹楚，可以數得出的優點就不少。第一，舞蹈演員的芭蕾舞基本功，都是上乘之選，第二。配樂與劇情的吻合，天衣無縫。第三，劇本的表現性強烈，增進了感性的滲透性，撼動了觀眾的感同身受感情。演出中，場上的美籍年青人最受感動，表現出狂熱的反響。

事後把看到的寫成一份建議書，唯恐發生誤解，特地把台灣工作過的單位，黨証字號所屬黨部填上，寄給台北中國國民黨中央黨部海工會主任陳玉清先生，與陳先生雖稱不上把臂之交，但也並非陌生，兩個月沒接到回函，這也在意料中。不料，從九霄雲外飛來一封朋友的詰問信，質問在紐約幹了什麼壞事，過往一塊工作過的單位和朋友，人人都被調查訊問。經驗說明，建議書好心變成了壞意，國民黨是不接受愛的，愛她反會遭致懷疑。但至少禮貌上也該發封謝函吧，那怕骨子裡虛情假意，國民黨對待黨員的冷漠，不止是教人寒心，硬是教人寒澈骨。

二〇〇四年八月三十一號，陸軍官校第二十五期同學會，借中國國民黨中央黨部六樓，舉辦畢業五十週年書畫展，地下室辦百桌大餐會。千人會餐席上，至少有七百位超出五十年黨齡的黨員，中央黨部竟冷漠得，無動于衷。這個黨與黨員間的感情，是多麼地疏離。

往日的國民黨中央黨部，嚴肅、禁錮，等而下之者，誰敢輕進，朔自前朝留下來的人，到今天仍不改其志，一臉嚴峻。時代在變，全台北市的機關衙門都變了，就祇國民黨的中央黨部沒變。因為，那裡面的人都是長春籐，沒有變，真要是變了，祇怕大家都不認識它是國民黨了。

國民黨還是個忘性大，記性小的黨。馬英九當選後，吳伯雄領軍向全民謝票的話，轉眼間便被立法委員，忘得一乾二淨。中央黨部為要整斥黨的公職人員紀律，宣佈將紀錄黨籍立委的出席率，作為下任選舉提名參考。立即遭致南部立委反彈，理由是他們要經營地方。立法委員年薪千萬，食民髓、啃民骨，不在立院與會，為全民興利除弊，卻躲回老家去經營地方。這麼一群既不專業，又不敬業，目中既無紀律，也沒有人民，從不想人民付托之重的人，還能把他們留在立法院，誤盡蒼生嗎？國民黨應以王佐斷臂的決心，寧變成立院少數黨，也要把這些穢痞鼠輩趕出國民黨，庶幾能夠浴火重生。

國民黨的立院四傻

二〇〇八台灣大選，臨投票前一星期，以費鴻泰為首的四位國民黨立委，中計落入謝長廷陷阱。兵法云：「兵者詭道也」，又云：「兵不厭詐」。若非這一役，還真以為蘇真昌讚譽謝長廷奸巧，是過甚其辭，看到費鴻泰等的莽撞杆格，才確信蘇言不虛，謝長廷決非易與之輩。

謝長廷的用計，比陳水扁的兩顆子彈縝密得多，瞬間創造戰果，等對手回過神來，他已經鳴金收兵，縱深追擊。輿論傾向於認為，費鴻泰等是因為權力的傲慢，才會自陷陷阱，不失為客觀公允之論。

故事的梗概：二〇〇八大選，謝長廷的台北競選總部，設在屬於第一商銀「維新館」大樓內，一銀是財政部管轄的資產，立院有權質詢。第一銀行總經理，立院備詢時，矢口否認將屬於一銀大樓，三樓以上租予謝長廷，作為競選辦公室。但費等卻明明看到四樓以上有燈光，這裡已出現疑點，以費等的委員之尊，豈會無緣無故去查察一銀的公司財產，一定有人提供情報，這個情報的來源便大有學問了，此人一定與費等有過類似的交往，有某種程度的信用，為了不讓費等產生壞疑，甚至邀請費等派人秘密探盤，經過証實，費等才會採取行動，中計探勘。探勘是在財政部長何志欽及第一金控的人員陪同下，進入該大樓，電梯直上第十一層樓，電梯門開處，迎面被民進黨人擋住，手執租賃合同，立即指責費等私闖民宅。費等未進該十一樓辦公室，乘原電梯直下，電梯竟在三樓被卡住達四十分鐘之久，待費等下到一樓走出電梯，整個大厦外充塞的都是民進黨人。之後在警方護衛下，狼狽而逃。

這是一個嚴絲密縫的陰謀，費等傲慢于前，復顢頇于後，此乃國民黨人的黨文化性格。筆者曾趕往馬蕭競選總部，試圖提醒迅速究明真象，以備檢察官之偵查。也許是拜大選臨近之賜，沒有被享以閉門羹，接待人是一自稱姓李的黨棍，典型的打哈哈脚色，此公認為祇要勝選，一切都迎刃而解，國民黨終究是國民黨，其官僚顢頇心態，狗改不了吃屎。

如果國民黨能提出証據，証明此一鬧劇，確係謝長廷的陰謀技倆，則檢察官將提出不一樣的檢控起訴書，其主訴對象，不應該是李應元，而是謝長廷，那麼，謝長廷及其同夥都將無話可說，也不會造成綠色選民的誤解，即使有意扭曲都難。現在同樣是訴諸法律，卻給予謝長廷及其同夥無限空間，製造視聽，信口雌黄。

政治這東西，不玩則已，一經開始，便沒完沒了。玩就必須像個玩家，思慮要週全，心思要縝密，判斷要正確，一旦失誤，解除之道，要有方法，有步驟，窮追猛打，直到有了圓滿的答案為止。費鴻泰等四人，錯還不在踢館事件的傻，事後不追查真象，才是最大的失着，簡直是四笨。

權力貪婪

貪婪是人類與生俱來的本性，一方面受到生存危機的威脅，一方面受到物質慾望的慫踴，這是作為人類普遍性的貪婪慾求，還有一種更高層次的貪婪，「權力」慾求。聖人是什麼樣的人，沒有見識過，無從想像，按照現代人的標準，能夠戒絕上兩項貪婪的人，可以位列「聖人」，如王建煊之被時下所稱。

民主政治之被現代文明社會所稱道、崇奉、遵行。因為它有一套嚴格的規章制度，普遍性的是三權分立，特別性的如五權憲法。其共同的精神，在權力與權力之間，有其不可踰越的分際，以達到權力的制衡。也即要求各權力機構，各司其職，各守其份。這是民主政治待要追求的起碼境界，從事民主政治者最低限度的認知，應遵應守的起碼本份。

王金平曾經是不是一個法律人，不想追究，也不必追究。但他身為中華民國立法院長若干年，怎麼會對民主政治的基本遊戲規則，瞢然無所知。因其執掌立法大權，竟意想天開，為自己立法，將立法權擴充到行政權內，赤裸裸地搞權力貪婪。他要求立刻立法，讓立法院參與兩岸談判。請問王金平院長，對憲法的法理原則，到底有多少認知。但至少在提出此議之前，也應該臨時抱佛腳地予以流覽，卑引憲法為據。王院長的提議，有沒有違憲或觸憲，如有，可見王院長基本功是多麼地脆弱，今後如何領袖群倫，制定萬民所遵的規法。王院長若欲為民仰止，何妨就教高明，台北不乏憲法碩儒，人人都會不吝效勞。

藍鷹計劃

二〇〇八年台灣總統大選，最後兩天，謝長廷又如同陳菊競選高雄市長般，指控國民黨買票賄選，資金高達四億餘元。此一事件暴光後，藍營國民黨便忙着消毒，原來是一個所謂的藍鷹計劃。該計劃的目的，徵召四萬名黨員，充當選舉當天各投開票所的黨方監票員，預計每人發補助費一千元，估計須四億餘萬元，這便是謝長廷所指稱的賄選，事件經說明白後，也就不了了之。

該一事件從選舉角度言，並無不法，此所以國民黨一表而過。但從事件的本身來觀察，國民黨似有某些隱衷，難以啟齒。按今天台灣社會的社會文化中，義工文化已成為台灣社會的普世價值，無論公設醫院或政府機關，服務其中的義工不知凡幾，成年累月，樂此不疲。國民黨號稱超過百萬黨員之眾的大黨，此次選舉，國民黨無異於面臨生死存續關頭，黨員與黨之間，若有皮之不存，毛將焉附的親密感情，於監督投開票區區小事，何需發放千數金才能招募到足額黨員，況資金尚不知從何處出。這裡所暴露的問題，值得國民黨警惕與檢討，這說明該黨與黨員之間的關係，是很疏離的。

國民黨為什麼會是一個與黨員疏離的黨，這要歸結到國民黨的黨文化，過於官僚傲慢。平日裡視黨員為陌路，或承接威權時代的傳承，習慣性地頤指氣使。連戰改變了黨主席的選舉，未能改變黨的組織結構和官僚體系，仍舊維持着威權時代的文化慣性。民主於國民黨本身，還是個未出世的胎兒，即便是哈佛畢業的馬英九，黨主席任內，也未予催生。連馬英九都體察不出國民黨的病因病象，那居高位的國民黨衮衮諸公，便更是目視而無睹。這個國民黨的痼疾，還不止是結構性的，比結構性更糟糕的是意識性的。也就是說，這些黨官僚的潛意識還是官僚的，封建的，反射到行為上，便是傲慢與顢頇。

黨主席吳伯雄在馬英九勝選後，帶領國民黨部份高層，向台灣民眾深深鞠躬致敬，並保証國民黨將以謙卑的心，聆聽人民的聲音。觀乎吳伯雄的表情，誠懇度已至十分，令人存疑的是，這僅是吳個人一時感戴的表態，還是尚包括了改革國民黨的决心。素昔連黨員的聲音都聽不進去的中國國民黨，會在一夕之間脫胎換骨，聆聽人民的聲音，聞言，一則令人喜，一則令人疑。

別給自己穿小鞋

自從李登輝戒急用忍開始，台灣便躲在「美國台灣關係法」下，自築高牆，與世隔絕。台灣關係法出爐的時候，是一隻大橄欖球，二十年之後，它縮小到已是一隻手不瀛握的小板球，台灣若還食古不化，不懂得因勢利導或通權達變，吃虧的絕對是自己。

民進黨是個口水黨，國民黨若一遇民進黨噴口水，就亂了方寸，國民黨的定力也就太衰了。當年台灣與大陸爭奧運模式時，大陸的人均國民所得不足五十美元，今天的平均國民所得超過三千美元，這便是形式。若還不能明白，不妨再多舉一個例子，二〇〇四年，美國急於對台軍售，二〇〇八年美國主動軍購剎車。竅門在那，一則中國擁有美國四千億房貸爛帳，九仟億美國國債，美國還在企圖向中國推銷爛帳。其他如北韓、伊朗的廢核問題，都須要中共的大力協助。當下的時間點上，北京奧運在即，台灣與中國，孰輕孰重，已很明顯。二則美國口裡說的與心裡想的並不一致，它最不願看到的是台灣與大陸三通，那怕台灣是就自己的利益。因為，把台灣作為棋子制壓大陸的作用便縮小了，它寧見陳水扁式的挑釁，不願見馬英九式的三通，至於台灣人民的福祉，去問上帝吧！國民黨對美外交人才儕儕，這些經緯，早已是心知肚明，祇是口難開。看穿了，也就那麼回事，沒啥好緊張的，商人囉沒一個不見錢眼開的，美國不賣軍火武器，誰會相信，他今天不賣，明天還能不賣，等著瞧吧。

不管名詞如何，戰爭、鬥爭或競爭，祇要是兩造相爭，便要講究謀略。不妨回憶一下六十年來，中國共產黨的鬥爭謀略，不難發現他們的成功是其來有自的。抗日戰爭之前，國民政府全力剿共，中共逃到陝北後，已是氣息奄奄，正趕上日本積極侵略，其謀略訴求是「槍口對外」。抗戰期中，為達成自保與發展，提出「統一陣線」，聯合各黨各派，孤立國民黨。勝利後其實力尚弱，羽毛未豐，不欲與國軍正面交鋒，正值民生凋蔽，人民望治，休養生息，乃提出「反內戰、反饑餓」訴求。二十世紀六〇年代，與前蘇聯交惡，受到東西兩大超級強國夾擊，「三分天下」，不但使之履險如夷，還獲得突破進入聯合國。一九七五年正當人們猜測弧疑，中共將如何面對未來的兩岸統一，「一國兩制」出籠，此議一方面訴諸國際，不以已欲，強台灣人民所欲，以減低國際阻力。一方面告知台灣人民，不論接受與否，這是未來解決分裂爭端的架構與方式，也為港澳回歸提供模式，促使其順利趕走英葡政府，收回主權。

反觀國民黨與之爭戰一甲子，迄今未有過謀略，沒有深謀遠慮，也就沒有目標、方法和步驟，盡在鷄毛蒜皮上爭得失。不是反對爭，而是要從大處爭，既參加奧運，就應該從運動場上去爭。南韓比台灣能大多少，它是當今世界小國中的體育大國，台灣爭什麼？爭奧運模式，令人困惑，到底在爭什麼呢？爭主權嗎？中華中國有什麼不同，連一面國旗都爭不到，每次看奧運出場式，看到台灣隊出場，便禁不住眼淚泉湧而出，心裡面一直在吶喊，給他們一面國旗吧！爭「主權」要向外爭，爭取世人的認同，而中華中國是同一個英文名稱「CHINESE TAIPEIT」，如屬主權之爭，顯然不是向外爭，祇能是向內爭，爭掙脫中共的束縛，還是爭取選民的認同，這無異於給自己穿小鞋，其愚弱顢頇，令人痛心。

改造國民黨

一九四九年撤退到台灣，國民黨曾經過一次改造，除加強加固了領導中心，餘則換湯未換藥。馬英九經黨員直選任主席後，也曾提出國民黨的改造，今又選出吳伯雄任黨的主席，黨的改造就連聲音也聽不到了。國民黨如再不長進，還老神在在，自我期許，自我滿足，則馬英九結束政權之日，也是國民黨結束執政之日。此次政權輪替，社會咸認是馬英九的個人成就，國民黨是沾馬英九的光。因為國民黨八年來，從未進步改變，昨天的我，與今天的我，依然故我。

百歲的國民黨，機能褪化，思想也褪化，形同於活死人。提倡民主的中山先生，他組建的中國國民黨，仿同布爾什維克黨，與西方的民主背道而馳。

今天的中國國民黨，其中央黨部是全台北市，最官僚、傲慢、顢頇的機關。吳伯雄主席帶領部份黨的精英份子，向人民鞠躬謝票的話，人民會記取，希望吳主席也會記取。改造國民黨必先從中央黨部做起，自副主席以下，至掃地工，全部掃地出門，重新換血，庶幾可以脫胎換骨。

民主是什麼，沒有人說得清楚，也從未有人想要把它說清楚，當陳水扁乖張民主時，連做過台大政治系系主任的彭明敏，也未站出來說個清楚。台灣就這麼糊裡糊塗地把舉手投票當做了民主，國民黨用共產黨的文化反共，民進黨又用國民黨的文化反國民黨，反對此提法者，不妨看看三個黨的組織結構，運作方式就一目瞭然了。

國民黨員要改造國民黨，首先要改造自己。飽受國民黨黨文化教育，栽培，薰陶的國民黨員，他們身上的每一個政治文化細胞，都有著國民黨的黨文化基因。此外，改造國民黨就必先打爛現在的組織結構，澈底揚棄布爾什維克精神，把黨從「政」的領導位置撤退，把自己改造成「政」的咨詢機構。所有的公職人員選舉，先從黨的選舉做起，黨不再充當提名者或指派者角色，這才能做到充分的民主，才能被視為是一個民主的政黨。

中國人愛說體制，忌說制度。體制者本體與制度也，這是一個新興的「人治」名辭，它的命意就是以本體為主，制度為輔，制度是圍繞著本體而設置的，也是為維護本體而設置的。制度不同，它是為全體國民而設置的，它的命意在防止任何個人或團體，假借民主搞專制獨裁，故制度正是體制的剋星。國民黨員要改造國民黨，首要之務在去體制而建制度，把國民黨打造成一個真正現代化的民主政黨，培養黨與黨員的民主文化，使民主真正落實到黨與黨員之間，黨與黨員之間的互動，應在民主的基礎上形成互信與尊重，這樣的黨才是一個被人民大眾愛戴的黨，人民大眾願意參與的黨。

馬英九的恭良溫儉讓

凡人談到馬英九，「瘟」，這幾乎是個眾口鑠金的回答。「溫」也就罷了，幹嗎還要加個病字頭在上面。一些老國民黨員，看著他那溫吞型的舉止，缺乏剛性，擔心他鬥不過刺蝟型的民進黨，因而病之，這也是愛之深，責之切的意思。

沒想到二〇〇八年馬英九能夠勝選，反倒是他的「溫」助長了他的得分。打從李登輝時代開始，台灣便變成一個紛紛擾擾的社會，待到民進黨崛起，接掌政權，便更是刺蝟橫行，三寶充斥於朝，髒言痞語，政府成了流氓。

馬英九的品味，也是國民黨的另類領導人，被開除出黨的李登輝陰狠詭詐，連戰不苟言笑，缺乏親和力。又如民進黨人，陳水扁的貪腐無能，言而無信，謝長廷的出言不遜，輕薄尖刻，更襯托出馬英九的教養和人品，是上上流。

馬英九的不慍不火性格，如猜得不錯，得自後天環境影響的成份居多。祝英台在家是九妹，馬英九想當然一定是九弟，上面有八個姐姐，他是獨子，他的生存環境，對他而言，應該是「順」多「逆」少。我們的孩子出生滿月那天去看家庭醫生，說：「孩子不帶性格來，性格是你們給他的。」這句話如果能夠成立，那馬英九的性格絕對是他們全家人賦予他的，姐姐們事事讓著他，使他沒有發脾氣，使性子的理由和機會，沒有逆來順受的壓抑感。因此在他的潛意識中，不存在普通人常犯的壓抑性暴發情緒，這也正是他缺乏剛性的由來。他的家庭又是一個傳統的湖南讀書人家庭，重視人倫教養，養成他彬彬君子風度，成為當下台灣政壇的異類，稀有動物。即使是不喜歡國民黨，甚至厭惡國民黨的人，也擋不住馬英九的媚力，生子當如馬英九，不是選總統，而是他的恭良溫儉讓。

俗話說物以類聚，人以群分，馬英九競選團隊中，就不乏溫吞型的人。TVBS 電視台全民開講節目中，有謝長廷的人，必有馬英九的人，馬團隊派出的一位年青人，像極了馬英九，好似他的分身，其不慍不火的火候，有過之無不及。不管謝陣營的人如何大放厥詞，電視機前的觀眾已聽得火冒三丈，他的應對，總是從容不迫。據說此人已回原供職單位桃園環保局，如屬國民黨的人才培養計劃，讓他回基層歷練，那是高招。其人年歲尚輕，如平步青雲，隨馬英九進入府院，有害無益。

馬英九贏在他有一個年青不俗的智囊團，擺脫了國民黨的傳統選舉思維，依賴庄腳拉票。同時，此次選舉也証明一個事實，選民的選舉智商，選舉自主意識，都已至成熟階段，庄腳已無用武之地。那些往日靠庄腳在黨裡面逞大老的黨棍們，可以休矣，趕快自動引退，別再成為黨的改造石頭。擺脫庄腳思維，庄腳運用，才能使台灣的民主走上正軌。競選者必需依賴政見、人格、氣質取勝，正如馬英九之勝，勝在有政見、敦品、勵行。謝長廷的敗，敗在不知民之所欲，沒有政見，祇有人身攻擊。

毛澤東嘗謂他的鬥爭術有三，一曰挖牆腳，二曰摻砂子，三曰扔磚頭。鬥爭術有下焉者，有上焉者，馬英九的鬥爭術，無疑是法乎其上者。他去民進黨的老巢，南部台灣作LONG STAY，當彼一時也，也曾招來許多非議，投票結果，証明他的政策正確，他的權挖了民進黨的牆腳。台灣的選舉文化，向來以「不入流」著稱。馬英九此次投入選舉，他帶給台灣社會的，何止是未來四年的愿景，而是將台灣的民主選舉，從低層次提昇到高層次，從「不入流」到「上流」，讓那些祇擅長人身攻擊，枉顧民之所欲的競選者們，有所警惕，有所戒。

馬英九的兩項失分

一個人求好心切，若然過度發揮，便會由美德變成敗德。馬英九接掌政權之後，他在這方面的拿捏，是不夠嚴謹的，不止是失了分寸，而是失了尺度。

人格的培養，是一個 Lifetime 的過程，也即是從生到死的過程。學前從家庭開始，入學從學前班，幼兒園小學中學大學，一路走來，到進入社會，人格永遠在學與育的過程中，千錘百鍊。

台灣社會有個令人不解的現象，好像全社會都患了人格失憶症，忘了人是人格的動物。一個人不管他如何出格、失格，他仍舊有權佔有社會的資源，分享社會的資源。包容不等於納垢，它是有是非清濁之分的，視納垢為包容，這是當今台灣社會最大的社會症候群。

莊國榮的問題，不在政大教評會，而在其自身，言行穢痞，不堪為人師。俗話說：「言教不如身教」，作為一個大學教師，他犯的錯誤，是嚴重的行為敗德。他今後做什麼都可以，就是不能為人「師」。

教育部似乎未跟著政權更遞而更替，如果該部對政大教評會決定不續聘莊國榮有意見，為什麼不在第一時間向社會表達，待到總統府表態，立刻跟進，察風觀色的道行，鄭瑞城部長與前部長杜正勝何其相似，難不成國民黨也想在內閣中，培育三寶，鄭瑞城的行為應予記過處分，以儆效尤。

馬英九總統透過總統府發言人表態，也犯了一項嚴重錯誤，把比例原則當作是非原則，這是利用語言來混淆觀念，對社會誤導政大教評會的決定，有干預政大教評會民主程序之嫌。更嚴重的錯誤是，濫用包容來提昇個人的政治美德，更加擴大了社會「德」育的誤區，為社會對是非價值的判斷，作了最壞的示範，也應予自己記過處分，以惕來茲。

擔當

擔當是個人對是非價值的維護與堅持，不管是維護個人的或社會的，都是人格特質的展現。同樣是維護與堅持，有「是」與「非」，「正義」與「邪惡」之分。前者是擔當，後者是護短。做人不能護短，也不能沒有擔當。

二〇〇六年，今天的馬總統還在台北市長任內，兼任中國國民黨的黨主席，有民進黨人，攻訐當時國民黨的發言人鄭麗文，「白住非自宅的房子，不付房租。」引發一場傳播界風波。台灣的媒體，有他們自建的特殊文化，唯恐沒事幹，祇要是與政治能扯上一點關係的事，那怕小到芝麻綠豆大，馬上用一萬倍的放大鏡來看，掀起軒然巨波，不搞到當事人退避三舍，或力盡精疲，便沒完沒了。

鄭麗文借住朋友的房子不付房租，那是她與她朋友間的私事，誰也管不著，誰也不應該管。第一，借用行為未觸犯刑民法條，第二，它也未違反社會風俗道德，任何第三者都沒有說三道四的權利和理由。台灣社會就是不同，有一群怪獸型的民代，再加上唯恐天下不亂的部份媒體，無事尚且生非，何況確有其事。

按說此風暴應止於智者，有人瞎指瞎扯，有人從中起哄。作為中國國民黨黨主席的馬英九，應挺身而出，對鄭麗文的人權，有所維護，有所堅持。這不是單純的維護鄭麗文，或中國國民黨的發言人，而是中華民國每個公民的人權，隱私權，和憲法賦予人民的居住遷徙自由權，失去維護與堅持，便等同於放棄原則和立場。

馬英九的缺乏擔當還不止此，遠在他第一任台北市長任內，日本東京都知事石原慎太郎訪台，文化局長龍應台，面交一本敍述日本侵華著作給石原，遭致對方當面侮慢。語說：「打狗還得看主人」，當時當刻石原眼中既沒有龍應台，當然也沒有你馬英九。按說馬市長對石原的輕薄侮慢，應立即予以嚴峻反擊，這不止是衛護龍應台及馬本人，而是中華民國及抗日戰爭中犧牲的三千五百萬軍民，馬的表現，何止是令人失望，簡直令人憤慨。

今天，台灣社會就有那麼一夥人，專愛在他們反對的人身上澆糞潑屎。如果，今後馬總統凡遇部會首長被澆糞潑屎，便不分青紅皂白，教他們立馬走人。那馬政府的走馬燈會更亮，轉得更快。龍應台和鄭麗文事件，馬市長馬主席是不夠擔當的，希望馬總統能以此為戒，為教訓。

「義」之所在吾往矣

每年端午節，在紐約與華府兩地，舉辦龍舟競賽，這是台灣繼商品之後，被認為台灣以文化輸出，爭取國際空間，最有成就的措施之一。馬英九擬參加的台北國際龍舟比賽，其意義正是要延續這項行之多年，曾為陳水扁政權，不遺餘力推行的國際活動。

南部淹水，發生澇災，政府當然要即時予以援救。澇災不等於帝制時代的崩殂，全國禁樂服哀。馬英九以執政者之尊，參與台北市國際龍舟賽，並非即時行樂，而是為台灣爭取國際空間，推銷台灣價值的正事大事，應為全民仰止，竟有人嗆聲，嗆聲的人，是什麼樣的人呢？鼠輩。做人則鬼鬼祟祟，鼠目寸光。從政則偷偷摸摸，盡幹些見不得人的事。說話則唧唧歪歪，無事生非，倒黑為白。這類型的人，社會嘗喻之為鼠輩。因其不遵原則，不講是非，不重格調。

馬總統若遇事被鼠輩所制，大義之前退縮止步，何以面對選民，繳交成績單。必須改變現狀，堅定信心，遵聖人之訓，「義」之所在吾往矣。否則，你的四年成績單，準會不及格。

全民總統不敢見人民

施明德攜聯合國反貪公約求見馬總統被拒，理由是時機不適合。請問馬總統，什麼時候，才是你認為的「最適合時機」？

馬英九不是標榜做全民總統嗎？全民總統對人民的請求，還須要作時間性的選擇嗎？抑或是對象性的選擇呢？那麼，什麼時候？誰才是有資格被接納的呢？

一般人民，從早忙到晚，都難以糊口，甚至三餐不繼，他們那有時間、心情、膽量來求見九五之尊的總統。有之，都是些不知進退，自以為國家興亡，匹夫有責的匹夫，鼓匹夫之勇，才會做那種不識相，活該被拒的事。

施明德不瞭解現階段，馬總統的苦心，才會做出使馬總統為難的事。馬總統正在以我不入地獄，誰入地獄的救贖之心，與四百五十萬綠色選民，進行和解共生。凡有礙此和解共生的是非價值，民主法治，都應擱置。馬某人要在四年後，真正做全民總統，得票率百分之百，一千四百萬或更多。唯望爾等庶民，體察朕心，稍安勿燥，一切待全民時代來臨，迎刃而解。

溯自李登輝主政開始，社會的是非價值便遭致扭曲錯置，加上八年的扁式倒白為黑，台灣社會已不見「是非」，國家已不是一個「是非」的國家，馬總統這個總統，也是一個沒有「是非」的總統。面對社會的強烈「是非價值」訴求，馬英九卻無動於衷，為什麼？

馬英九把個人的人格價值，置於是非價值之上，他祇著重追求個人的完美，無視於他的社會國家責任。他是一個人格完美主義者，卻是一個責任的虛無主義者，或者說沒有責任感的總統。他可以是一個好丈夫、好父親、良師益友，決不是一個好總統。

馬英九好名，而且是極好好名。因此，他把塑造個人形像，作為施政的大事來抓。凡事先考慮個人形像，而不是全民利益和福祉，施明德之被拒，理所應然。

比例原則

馬英九總統，曾以比例原則質疑政大教研會，對莊國榮不予續聘的決議。但對更不符比例原則的陳水扁貪腐拒審案，卻視若無睹，馬總統的「原則」到那裡去了。

如果是因為行政不干預司法的原則，馬總統作迴避式的緘默，那於政大教研會的決議發言，便難辭行政幹預民主程序之譏。「原則」是一把尺，有其定型定量定制的標準，凡不符尺寸的任何違制或違法行為，不論個人或團體，更不論高層或低層，應唯原則是問。馬總統對原則的使用，於陳水扁的貪腐案，似有選擇性之嫌。

民調的作用，包含兩個因素，一是對象，一是時期。即某人在某一時期內，人民對他（好與惡）的觀感，及（是與非）的反應。針對陳水扁卸任之後所做的民調，已與他的施政及團隊無關，祇及於他當下所處的社會位置與個人行為。陳水扁支持者所支持的，也僅止於當下的陳水扁，既非任職總統的陳水扁，亦非綠色教父的陳水扁，而是貪腐抗法玩法的陳水扁，這是解讀民調必須具備的基本認識。

由民調顯示，陳水扁的支持者僅九趴，百分之九十一中，屬不支持者，其中還包括大量的反對者。從比例原則，擁扁與反扁極不對稱。陳水扁企圖以玩弄法律來消彌貪腐罪行，已引致全社會的反感與反對，司法與執政者仍任其恣意揮灑，是無能還是無膽。

茲借鑑兩則小故事，來觀察台灣社會現行的法治與執法。三十年前，筆者於結束一年的財務分析課程後，在紐約市的一個中小型公司財務部門找到一份工作。有一天，老闆董事長派秘書，送來一張一千二百美元修理自宅窗櫺發票，財務經理以非公司費用不能報銷為由，予以拒絕出帳。秘書根據老闆陳述，修理窗櫺是為了在自宅拍攝產品宣傳廣告，理應作為公司費用出帳。財務經理不以為然，該修理費如要作為公司費用支出，祇能併入廣告費內，付予廣告公司，由廣告公司負責修善該窗櫺。問題是廣告公司也不願承擔此費用的支出，此費用如納入廣告費內，等於廣告公司多收入一千二百美元，該公司便要多承擔一千二百美元的公司盈利稅。這個故事說明，美國公司的費用支出，界限是嚴格分明的，作為公司的財務主管，尤應嚴守分際，因為一旦違法，他是第一個被法律追訴的對象。

由上述故事反觀陳水扁的國務機要費，至少有兩個啓示，第一，公務費用的法律責任不夠明確，緣由在有意放縱當政者的使用報銷空間，這正是威權制的法治模式。第二，刑不上大夫的傳統，才會出現檢察官不敢問，審判官不敢傳現象。這說明什麼呢？今天的台灣，仍舊是一個，典型的真威權，假民主社會。

下面一則小法律故事，乃筆者遇到的真人真事。二十世紀七〇年代初期，住處大廈管理員為一張姓華裔，他的工作範圍，僅止於全棟大樓，修繕保養清潔等工作。有些有車的住客，每在應移車掃街的日子，給他五毛錢代為將車移到不清掃的另一邊，以避免吃罰單，久而久之引起另棟大樓住客的嫉忿，一狀告到法庭，無照駕駛。法官問：「為何無照開車」，答：「不是開車，祇是替鄰居移車」，法官饒有興趣地著其現場表演，見其移車技術穩重純熟，判發給一紙正式駕駛執照，因禍得福焉。

這個故事也有個小啟示，法律若不活用，便是死的法律。台灣的官場法制很活，活到無法無天，法庭的法制又太死，面對社會質疑台大醫院的公信，吳淑珍十七次不應庭訊，法官祇能乾瞪眼。法官為什麼不能指定具公信力的醫院，為吳淑珍作出庭應訊的再診斷，或者由數個具公信力的醫院共同診斷，俾切斷陳水扁的狡計。又如美國的車禍或災變保險賠償，對理賠對象的醫療診斷，保險公司有權覆診，不是單方面說了算數。

從比例原則看陳水扁的法律操弄，所持實在不足以赫阻法庭及行政當局。其百分之九的民意，無論民意牌或民主牌，可供揮灑的空問有限，之所以得逞，拜司法與行政「反比例原則」，及馬總統的和解共生，做全民總統之賜。

兩性人

人類對自身的認識，還遠未達到科學的境界，對自身產生的源頭，缺乏定論，祇有假說。從植物界到動物界，為什麼會被分成雌雄兩性，祇知其然，未知其所以然。當人對自身的本源探索失望，感到智窮力拙，不得不放棄科學，而轉趨神學，去相信遠在科學萌芽以前，那個人造上帝所造的人，人的來源於焉解決。

自然界的人，兩性平等，應該是一種「應然率」。被上帝創造的人，人為地破壞，製造出男尊女卑的兩性分歧，才會出現性別歧視問題。兩性劃分，應該是分工合作的自然法則，被上帝子民的自私、狂妄、墮落所泯。近現代女性主義待要爭取的，無非是恢復久已湮滅的自然法則罷了。

此地所要涉及的兩性問題，範圍限制在生理與性向的區域內，譬如男性的剛強，女性的柔弱。例如普及性男性適應的工作，女性便難以勝任。伊拉克戰地電視鏡頭前，那些荷槍實彈，戰地搜索巡邏的戰鬥成員，絕看不到女性美軍，這便是兩性的區別。

有人說馬英九這個人，他是「女性中的男性，男性中的女性」。怎麼說呢！

作為情人、丈夫，外表溫文爾雅，貌比潘安，的確是女性追逐的對象。

作為男性，他缺乏那種剛強有力，一肩挑天下的男子氣慨。

作為男性，對部屬不可護短，也不能沒有擔當，馬英九缺乏擔當。

作為男性，缺乏當機立斷，大開大闔的氣魄。

作為男性，缺乏那種義之所在，雖千萬人吾往矣的衝勁。

作為男性，缺乏那種說做就做的決心。

作為男性，穩重有餘，進取不足。

作為男性，有野心，沒膽量。

作為領袖，外表溫良恭儉讓，內心自視而剛愎固執。

作為元首，一分平天下，九十九分修身。

友人戲稱，台灣的政治，去了一條狼，來了一隻羊。馬先生、馬教授，人民欣賞你，敬重你。可以為師，可以為友，做總統，你辦事，我真放不下心。

和解共生

馬英九總统為了和解共生，主動放棄選舉官司，也就等於放棄了民主的原則。民主的原則即法治，法律之前人人平等。如果從民主的原則退却，馬總统追求的是什麼呢？和解共生能取代民主法治嗎？馬總统在此大事大非之前，該怎麼說。況當事人謝長廷從不認為，馬總统的提告是為了維護民主法治，而是秋後算帳。他將回應馬總统的也不會是和解共生，而是慷他人之慨解除舊帳而已。

馬總统一向愛惜個人的清廉形象，不妨看看馬總统符不符合上述自我期許。清者明淅澄澈也，指的是人的思想或心靈不含一絲雜念，大是大非之前決不含糊，馬總统你的私心，「和解共生」，已嚴重浸蝕到你民主的大是大非，你還能清嗎？

馬總统立志做全民總统，正是有為者亦若是，做全民總统更不能犧牲法治。台灣的分裂走到今天這一步，它是自李登輝當政開始，二十年如茲的結果。語說解鈴還需繫鈴人，分裂對立是雙向的，若對方不領情，單方面示好是無法達到和解的，遑論共生了。謝長廷的得票率是四百五十萬，如何與這麼龐大的群體達成和解，難道也以犧牲法治為餌嗎？現實的例子是，蘇安生踹陳水扁一腳，曾被全社會譴責，陳水扁揚言提出控訴。蘇安生又遭人報復重傷，按照馬總统的和解邏輯，陳水扁同樣要宣佈放棄對蘇安生的控訴，並對報復者嚴加譴責，才能構成馬式和解這個命題。藍綠對立二十年，內部結構既錯綜亦復雜，豈是上述簡單邏輯推演可以得出結論和結果的。不過有一點是可以確定的，台灣的法律係大陸法系，其精神重判例，馬總统的這一舉措，無形中將形成法律程序外的判例，今後有人違法，要求援引此程序外判例，控方以和解共生放棄起訴，請問馬總统，你援不援例呢？司法單位能不能援例呢？不援例等於不和解共生，援例則法治蕩然矣！

再進一步看蘇案引發的問題，如果該兩暴徒被捕，將訴之於法，還是和解共生。如是前者，一定會引致社会對和解共生的質疑，台灣社會早已是一個是非價值錯亂的社會，是非價值將因此更為顛倒混亂。如是後者，有兩個可能。一是治安單位追於破案，反正破了等於沒破，何必多此一舉，二是激發異議者更多犯罪意圖，因為犯法不犯罪，何樂不為，社會治安將永無寧日。此外，若蘇安生因而致殘，為了和解共生免予暴徒刑責，蘇安生是否可以要求國賠。當蘇式案件日增，國賠無力負擔時，迫不得已，祇能重新回歸法治，到那時候，又將製造社會輿論的想象空間，和解共生被譏為引蛇出洞，秋後算帳，過去所行所施，都付徒然。

馬總统的和解共生，其矯情作用大於實質作用，法治才能治國，矯情是不能治國的，也非馬總统的真性情，馬總统還得再三思。

從迷失回到現實

蔣老先生於一九五〇年三月一日，毅然在台北恢復中華民國總統職務，因為在此之前與後，國際間異聲突起，一說台灣地位未定，一說交由聯合國托管。蔣先生是個自我期許極強的硬漢，有著強烈的國家民族使命感，他的復行視事，有自我的一面，將中華民國政權，帶回大陸，還給他個人的歷史地位。也有國家民族的一面，那便是阻止國際陰謀者，將台灣從中國的領土主權中分裂出去。因此，他的國家立場與方向，堅定一致，直到他被上帝寵召，終其一生，未改其志。

蔣經國先生在他未登大位之前，曾有過異心，事被老先生發覺，才臨淵止步。後蔣經國時代，他守住了老先生為其所定的紅線，因其驟逝，也算是無為有守了。

二十世紀七〇年代，美國迫於越戰，不得不與中共趨近。先是認同台灣為中國不可分割的一部份，次則自台灣撤軍，撕毀美台共同防禦條約。為了安撫美國國內輿情，及再次抓住台灣這顆棋子，乃通過台灣關係法，以資維繫。當李登輝接替蔣經國出掌政權，台灣的方向便逐漸開始迷失。一則李登輝自認為是日本人，一則李登輝的外國代理人身份逐步顯現，台灣就在李登輝的蓄意陰謀下，一方面撕裂族群，一方面編織綠色幻夢。他的綠色夢靠撕裂族群為經，台灣關係法為緯，以摧毀國民黨作為圓夢的手段和目的。

有一個未知數是李登輝未曾計算進去的，那便是中國大陸的崛起。也許李登輝認為，將台灣置於美日共同保護傘下，可以丟掉自己的方向，一任被人牽著鼻子走，反而能夠獲得更多更大的揮灑空間。殊不知一句兩國論，不但未被台灣關係法護衛，反被台灣關係法抽一耳光。李登輝做台灣領導人，他是台灣迷航的第一推手，也是第一號罪人。

陳水扁以反對黨精英，受到李登輝的暗助，修改中華民國憲法，以相對多數當選，而當上中華民國第十任總統。他比李登輝更為激進，更能巧為運用政治資源，中華民國在他手裡，亦如他一手導演的迷航之旅，完全失了方向，也失了格調。他身著綠色外衣，卻不敢昇綠色旗幟，祇能藏身青天白日滿地紅旗幟下，做綠色總統。一邊一國論，是陳水扁給予綠色夢幻者的糖衣藥丸，亦如李登輝的兩國論，立即遭致大棒伺候。還不死心，認為台灣花了錢，買了保單，便可以恣意揮灑。因為承保者沒有承保意外險，又立即宣佈保單內早已註明，「台灣不具備獨立主權」，從此台灣便迷失在進不能獨，退不能和的兩難之局

從馬英九的就職演說，已看到了馬英九的現實主義，透露的訊息是，台灣的政治現狀的確是改變了，但台灣的國家方向，未嘗改變。李登輝陳水扁代表的是過去式的台灣，現在進行式的台灣，正是延續一九四九年內戰結束後的台灣。

兩岸論述

這是個難以說清的論題，既然說不清，就不如不說清。擁有獨立主權幾已成為全台人民的共識，所謂維持現狀，就是把不能說的「台灣獨立」或「獨立台灣」，用維持現狀來包裝。這是在中美台三方默契下，共構的政治模糊包裹，如果還不滿足，定要撕破包裝紙，打開包裹看個清楚，這樣的人不是白癡，便是個混球。

綠色之路如果走得通，李登輝陳水扁早就拔取頭籌，還會等到二十年後的今天。李登輝的兩國論，陳水扁的一邊一國論，都遭到美國的大棒轟擊。美國甚至已經撤去模糊，二〇〇四年派國務卿鮑尔，專程飛往北京，向全世界宣佈台灣非主權獨立國家。還意猶未竟，又於二〇〇八年，布希總統赴京奧之前，於美國亞洲記者會中，在無記者詢問情況下，兩次主動重申，美國對台有政治紅線，防止台灣片面宣佈獨立。事實已經很明顯，美國在為自己御扃，正面告知台灣的綠色運動者，美國决不會 INVOLVE 台灣的綠色建國運動。台灣人還能要求馬英九，如何為台灣定位。

馬英九的兩岸論述，已說得非常清楚明白，「非國與國關係」，已道盡此中的內蘊與微妙，若還不能滿意，祇能說其人太不諳政治的現實。即使上開論述，還是在馬英九誠懇和解意願下，擬定的對岸有限容忍度的關係論述。

現在不妨來探討一下「台灣」兩個字的涵義，從國際政治角度看，它祇是一個地理名辭，並非獨立主權名稱。不管是當下擁有台灣的中華民國，或理想中的未來台灣共和國，如爭取不到主要國際社會的承認，都不可能成為獨立主權體。「獨立」一辭，放到國際政治舞臺上，是一個很嚴肅的名辭，台灣在使用上，近乎泛意識流。陰謀是不能成事的，把爭取綠色建國寄希望於國際社會的陰謀，換來的一定是失望與落空。與其去椽木求魚，還不如把握當下所能擁有的，安安分分做一個現實主義者，維持現狀，不要去碰那根敏感神經，這是解讀馬英九兩岸思維的最佳答案。

祇看己方的慾望與要求，這是人的常情，但放到兩岸關係上，便不能用此常情來看待問題。當己方認定某種論述，為全台人民的共識或共同意願時，有沒有為對方想過，十三億人的共識與共同意願。當一方要求另一方調整意識型態時，是不是也應該調整己方的意識型態。

兩岸關係是由戰爭釀成的結果，如果執意忘却戰爭，或否定、或抹剎此戰爭因素，則兩岸關係將永遠是一個不能解的結。語說「解鈴還待繫鈴人」，由戰爭繫的兩岸關係這個鈴，難道一定還要回到戰爭，不能用和平來解它嗎？

向馬總統進一言

當馬總統還是馬主席的時候，海外傳媒曾傳說馬主席的政治理念，左右開弓，內打民進黨，外打中國共產黨，這或許是適應當時台灣政治生態的最佳選項。但對目標的選擇，不但需要講究技巧，更需要講究是非。因當今的國際政治，詭異複雜，若不深究內因，容易落入陷阱，如再草率做出決定，往往失分會多於得分。

傳言說，馬主席正擬要求中共平反六四，以示支持海外民運，支持法輪功，支持開放宗教自由。不知馬主席對海外民運與法輪功的內情，有多少了解，有沒有釐清他們的政治背景，活動經費的來源，所從事運動的目的。曾有人懷疑他們的活動經費，就是來自台灣。且有一個存在已久的事實，海外民運與法輪功，其正當性與價值性，受到海外中國人的高度質疑，馬總統在未明底蘊前，切不可輕舉妄動。以馬的學養與追求，應法乎上，做政治家，爭千秋功業。切忌效乎下，做街頭小政客，祇顧爭朝夕。

宗教自由，新聞自由，這些都是西線所缺乏的，也是海外華裔社會所詬病的，所祈待的。這些西方人給予中國人的糖衣藥丸，海外不滿的是官僚與顢頇，並不反對謹慎應對，小心從事。所謂前事不忘，後事之師，不能太過一廂情願。八九民運透露的訊息，有正面的，正是糖衣藥丸所要彰顯的。致於負面的呢？需要智慧與理性去觀察，去明辨才能發掘真相，不能也不允用隔岸觀火的心情與態度，去嘲諷，去竊喜。

要求中共當局平反六四無辜受害者，此正義之聲也，支持海外民運，支持法輪功，便有待商榷了。有誰能為六四無辜受害者，與海外民運之間，劃出一條明確的界線。但又不能不分清青紅皂白，這正是難題所在。國民黨在兩蔣時代，雖也曾引美日為奧援，對抗中共，但終其一生，從未做過出賣國家民族的勾當。不畏強權霸道，不受威脅利誘，秉持民族大義，堅持一個中國，此蔣氏兩世之風骨。

不可否認，台灣的環境在變，作為執政者當家人，不能不有所選擇，有所堅持。六四經過幾番洗禮，它早已是一個變種變質的運動，剩下的，市場上已沒有了行情，馬總統你還打算為它廣告行銷嗎？

海外民運的異化

一九八九年六四北京天安門事件之後，許多從中國出走的六四參與者，一夜之間，成為海外華人企盼中國民主的希望。海外民運一辭，不脛而走。那時候海外的炎黃子孫，都認定他或她們都是六四天安門的受害者。如是，慰問與金錢齊飛，榮譽與驕傲並舉。當事人未能審察此中的因由，把海外中國人對中國民主的殷切期盼，誤解為對民主英雄的崇拜。如是乎，真以為自己是當代中國的民主鬥士，甚至英雄或真主，對海外中國人的熱情，視為應得的尊榮與酬庸。

一時間，衹見意氣風發，開會焉，成立社團焉，吃龍蝦住五星級觀光飯店焉。每個人都自信滿滿地，把自己打扮成未來中國命運的改造者，民主的開路先鋒。他們以受害者的姿態，作為對外宣傳的強力訴求，當事過境遷，人們才發現，他們竟然是六四天安門事件中，獵獲最多的最大受益者。這不能不說是六四天安門民主運動中，令人匪夷所思的最大吊詭。

曾幾何時，六四的烏雲隨風消散，中國的民主與海外民運人士，也不再是海外炎黃子孫注目的焦點。有的民運人士，認識到自己的民運角色，已告終止，自己還是原來的自己，所不同的是，身上多了一張外國政府為六四頒發的永久居留証。有的人還獲得外國名牌大學的入學許可，不久之後便能拿到免費奉送的名牌學位。其中也不乏真才實學之士，因其潛沉向學，故能學有所成，從海外民運的激流中抽身引退。同時，也有名不副實的第二類學者，某些名牌大學，對個別民運人士的入學申請，其甄選與取捨，自有其不為外人道的內蘊價值與標準。這也就是為什麼，不學無術者也能廁身其間，受其掩護包裝的道理了。

六四天安門事件，曾引發國際性的反中國情緒。不可諱言的是，中國當政者的處理錯誤，造就了海外民運一代人，在國際政治的著意傾斜下，個人價值，亦如股票行情，瞬息之間，直線上昇，得來全不費功夫，是海外民運人士的幸與不幸。耕耘與收穫，付出與獲得的平衡，才是個人價值的合理體現，也才能培養出人的正確價值觀。當國際間的反中國情緒逐漸降溫，海外民運走向萎縮，也就事所必然的了，這便是海外民運走向異化的時空背景。

追蹤溯源，海外民運的異化，肇因于六四天安門事件，運動者的參與，不是基于理念，或深思熟慮後的真知灼見，而是基于即興式的激情衝動。其行動過程，又缺乏冷靜思考，缺乏做理性選擇的時間因素。失敗後出走海外，還沒來得及看清西方民主的廬山真面目，便被傳媒送上民主的高台，讓萬人瞻仰，更被塑造成民主鬥士或英雄。即令不自我膨脹，也禁不住輿論的推波助瀾。輿論不曾教給他們民主的真諦，卻把他們當作民主勇士來推崇。真不忍心責怪這些甫嘗民主滋味的民主初生兒，怎能不令他們淘淘然志得意滿，目空一切。不幸的是，志滿尚未享盡，失落便跟蹤而至，這是海外民運走向異化的心理背景。

像中山先生那樣，畢生堅持民主信念，直到鞠躬盡瘁，死而後已，海外民運人士，是難以與之比擬的。今天，某些海外民運人士的言與行，再也看不到天安門前的純情，再也不是什麼理念與真理的追求，中國民主或民主中國的崇高訴求，也已經被某些民運人士商品化了。

王炳章差矣

年青的時侯，讀希臘哲學家蘇格拉底的故事，深深為蘇氏的書生氣折倒。蘇氏因反對政府的惡法而身繫囹圄。一位蘇氏的富商朋友，願以重金為蘇氏贖回人身自由，並已徵得政府當局的首肯。當這位好心的富商朋友，將此訊息面告蘇氏時，沒想到蘇格拉底竟予嚴辭拒絕。他的理由是，這比自己反對的惡法還要邪惡，故寧願坐牢，也不願以惡法來反對惡法。蘇氏的堅持，不也正是中國歷代讀書人，所堅持「有所為、有所不為」的信念嗎。

沒有人懷疑王炳章從事民主運動的動機。但是，王炳章從事民運的作風，着實令人不敢苟同。更令人質疑的是，王炳章及部份海外民運人士，對民主的認知，是否具有足夠應付民主挑戰的真知灼見。因為王炳章及部份海外民運人士，在三月二十八日，記者會上的訴求，被認為大大地背離了民主的基本原則及精神。

王炳章持變造的美國護照，闖關香港被拒轉往台灣，曾在當地向傳媒信誓旦旦，聲稱自己所持美國護照，為貨真價實的美國護照，並強烈譴責香港政府。出人意料的是，王炳章卻在美國的法律下，被美國執法機關逮捕拘留。為何王炳章的合法美國護照，不能受到美國法律的合法保護，並被控以變造護照罪嫌，令人費解。經保釋出獄，保釋金高達八萬美元，足証其觸法的嚴重性。律師曾禁止王炳章向媒體發表意見，王還是忍不住私下向中文媒體透露其心跡，姑無論我持真或假護照，美國官方都會把我逮捕。很顯然王炳章不認為自己觸犯了美國法律，認為這是個政治事件。在場的海外民運人士也表示，不祇是北京施壓，也有可能是在柯林頓總统訪中國前，美方為了向北京示好。上述觀點，正說明王炳章及他的朋友們，對美國民主的認知，尚有着一段極大的距離。他們所標榜的民主運動，其思想內涵，還都是中國式的東方模式，與美國的民主模式，還隔着一個太平洋。

眾所週知，民主的基本原則是法治，民主的基本精神是守法。體現法治精神的是司法的獨立。王炳章及其民運朋友們，懷疑美國司法受到行政的干預，可見他們對美國的民主，還相當地陌生，未求甚解，才會產生如許偏差的誤解。

王炳章護照事件的癥結，非常透明，一點也不模糊。若王炳章所持美國護照確係合法，則王炳章不但有權控訴香港政府，還有權控訴美國政府。反之，若王炳章所持美國護照確係違法變造，那就不是王炳章及其民運朋友們所暗示的，美國執法機關逮捕拘留為一政治事件，而是一宗貨真價實的觸法事件。從事民主運動的王炳章，都還不知道如何釐清自己的行為，是合乎民主的行為，抑或是反民主的行為。為此，不能不令人懷疑，王炳章及其民運朋友們，所從事的民主運動，到底是一種什麼樣的民主，美式的、還是文革式的。

王炳章持變造護照，若被美國司法單位宣判違法，則王炳章將由民主運動者，變為反民主運動者。且在他反民主的路途上，還得揹上一個撇謊者的惡名。事件的結局恐怕不是王炳章所期待的「美麗的誤會」，事件的真相既不是「誤會」，更沒有任何「美麗」可言。影響所及，將不祇是王炳章個人，很可能造成整個海外民運的信用危機。個人失去誠信事小，海外民運失去誠信就非同小可了。寄望海外民運人士，所從事的是真正中國的民主法治，而不是政治的投機與冒險。

褲子與牌坊

毛澤東有句名言「既要脫褲子，又要蓋牌坊」。意思是，惡行與榮譽本不兼容，其人強要把「裡子」與「面子」並蓄。也即是說，既要出賣靈肉，又要蓋貞節牌坊。

這個自古以來的人倫大道，做人的價值標準，在中國的現代化運動中，已被某些人士澈底打破。追蹤溯源，也許是拜文化大革命之賜吧，一種顛倒黑白，扭曲是非的風尚，不祇充斥彌漫于中國境內，還蔓延到了美國華人社會，前有王柄章的變造護照事件，現有魏京生的台灣之行。

魏京生對推動當代中國民主運動的努力，功不可沒，此所以他的民主牌坊能蓋至至高無上的境界。但他這次訪問台灣，其脫褲子的水平，也是曠古絕今的。幾乎是凡遇買主就脫，觀乎他與國民黨的李登輝，民進黨的林義雄，先後論及中國內政，揚言中國的任何一省，「都有權宣佈獨立」，弦外之音，自然是為台灣的「台獨」製造合法性，以響應主人的訴求。其立論之荒謬，已經是語無倫次了。

唯願魏京生的褲子與牌坊行為，僅是他個人的個案，與海外民運無關。並寄語海外民運人士，千萬別趨而效尤，更莫使他後有來者。

法輪功

法輪功是什麼？沒有人知道，海外有中國人的地方，就有法輪功。除了發傳單送報紙，從不見他們練氣練功，有人譴責他們賣國，也不完全準確。賣國應該向外國人出賣，怎麼老是賣給自己同胞，可見他們的氣功段數不夠，打不進老外市場。有一點可以肯定，他們對中國的不友善，與綠色夢幻者，有著同構性的意識型態。法輪功的機關報，大紀元報在台灣與紐約同步發行，被認為台灣所資助。

反對中共政權，不應該被抹黑為賣國。但反對中共與反對中國，其間應該有它的分際，如果反對者不予釐清，自相混淆，或企圖魚目混珠，以達到某種不能為人道的目的，那便形同賣國了。早期的海外民運，便是這樣走上歧途，失去海外中國人市場。沒了中國人市場，也便失去了它本身的市場價值，走向窮途末路，偶或曇花一現，也是躲躲藏藏。一個不愛自己母親的人，別期待外國人會愛你，即令要利用你的人，他也會在心裡面鄙視你，瞧不起你。

有美國學者，著書立說，懷疑現代民主政治的效力。他認為民主多數做出的愚蠢決定，反不若獨裁少數做出的智慧決定。這也許是單純地從政策面看問題，八年的痛苦經驗告訴人們，即使是從制度面來看，一個開放、清廉、負責的集權制度，比一個半開放貪腐、無能、顢頇的民主制度。無論是政策面，或法制面，都要有效力得多。台灣的民主還是威權式的，因為法律還遠遠落在民主的後面，它是一個半開放式的民主。

法輪功反什麼呢？和海外民運一樣，凡中國的都反。反奧運、反中國崛起，甚至四川地震救災，他們也反。扯起大布條，以幸災樂禍的姿態，大做街頭「秀」。

下面有一則法輪功街頭劇的對話，法輪功甲：「我哥哥住在四川汶川市，這次大地震他們家四週房屋都被震垮了，就我哥哥家沒事。」法輪功乙：「為什麼？」法輪功甲：「我哥哥信法輪功。」

也許是為求表現吧，出現許多過激言辭，嚴重傷及海外中國人的同胞心，同胞愛。激起民忿，遭致大批量的民眾予以反制，幾乎釀成意外，勞動警察局出動大批警力護航，方免於不幸。法輪功比海外民運幸運，能夠長期維持不墜，無他，它的經濟來源未被切斷，為什麼？沒有人知道，也不會有人想要知道，輿論偏向相信，台灣功不可沒。馬總統已執掌台灣政權，台灣如真是法輪功的後台老闆，馬老闆也可以做出決定了。

達賴喇嘛的困境

達賴喇嘛當年決定出亡之初，大概沒有考慮過將來重返西藏這個問題，如果他考慮過，便不會走得那樣決裂，給自己留下今天的困境。如今年事已高，落葉歸根的心思，日漸焦急，卻苦於芝麻不給開門。

跟隨達賴出亡的，除了他的近臣與近親，還有大量的地主富人階級，都是當時西藏上層社會人士。一甲子的流亡生活，對這些人而言，其遭遇與改變，有着難以想象的痛與厄。這其中的怨與恨，伴隨着時間的延長而延伸，更苦的是得不到同情，沒有終日，沒有了日，他們永遠生活在一串無限延伸的未來。

離開西藏的達賴，一如從泥土中拔出來的生物，首先他失去了他的政治養分，他的政治生命開始萎縮。其次他失去了他的宗教領地，萎縮了他的佛法光環，時間愈久，愈益暗淡。據說達賴的流亡，中共中南海早已知情，不予阻止的原因，也許就是要讓達賴飽嘗今天的苦果，達賴的失策，是因為輕信和輕舉妄動。

為什麼達賴與中共談判的代表，三番五次地達不成協議，問題出在那？雖然雙方都避而不言，秘而不宣，也不難想象出其中一些具關鍵性的問題。達賴原本是西藏的政教領袖，六十年間，那些原本生活在他統治下的平頭百姓，其中有可能尚不乏懷念達賴的人，但可能更多的是已習慣沒有達賴的人，達賴重返西藏，他如何為自己定位，中共當局又如何為他定位，現有的統治者又將如何定位。

達賴不是指達賴個人，他是一個數萬人，甚至數十萬人的集團，這麼龐大的一個群體，在現有的資源和環境下，如何再分配，成了中南海以及西藏當政者極為棘手的問題，這還是在達賴不要價的情況下。

達賴之外，那些追隨的地主富豪勢力，達賴不能擱下他們不管，那些已被土改的原有領地與產業，要不要重新處理或分配？如何處理或再分配？一旦處理，問題會堆積如山。達賴還提議，成立大藏區，垮越數省，約佔全國土地面積的三分之一，由他來做領主，達賴若非夢囈，便是精神妄想患者了。

達賴與中南海談判的籌碼，顯然是得自西方社會的支援，其比重也在日漸萎縮中。更有甚者，西方支援愈多，中南海退讓會愈少，達賴每見一位西方政治領袖，他在中南海的帳簿上，便多添上一筆。況中南海的底牌，在達賴出亡的當下，便已經決定，即使今天的當政者，有心維護，証諸現況，祇怕已不由人的意志作轉移。達賴的流亡，正如同與海外民運結盟一樣，伊於胡底。

台灣之子

當陳水扁出馬競選二〇〇〇年台灣領導人時，他曾是台灣的一顆明日之星，被當時的社會暱稱為「台灣之子」，這裡面包括台灣人對他的期許、寵愛與幻想。

人才是需要培養的，中國曾經是一個文官制度最完善的國家，因為它有一個選拔、培養、管理人才的完整制度與系統。國民政府雖累經失敗，播遷台灣蟨處一隅，但它所承襲的文官制度，卻絲毫未改，故人才輩出。

陳水扁所受的職能人才訓練，主要在他律師執業階段。律師這個行業，有它的特性。他於法律的運用，與司法人員比較，從思想到行為，等於是兩個道上跑的車，背道而馳。兩者都是法律人，與法律的運用有關，司法人員是用尺來量法，唯恐不夠準確，務使其勿枉勿縱。律師是用剪刀來裁法，留下有利的，去其不利的，以勝訴為鵠的。

由於上述職業訓練的差異，便出現兩種不同人格型的法律人。一種是秉公執法，視法律為不可侵犯的神器，一種是鬻法為業，視法律為營利的商品。這類人有他的職業習慣，按習慣是養成的，不是自生的，如貓和狗，在那裡餵牠，便習慣在那裡進食。律師的習慣既是視法律為營利的商品，那法律在這類人的心目中，還有什麼神聖可言。觸法如同商品交易，充其量打官司，從訴訟中保住不輸，甚至贏回來。看看民進黨的從政黨員，陳水扁以下幾大天王，那一個不是出身律師，其職業性格，那一個又不類似雷同。民進黨的執政團隊，為什麼會毫無章法，毫無效率。因其缺乏文官訓練，更不尊重文官制度，搞的還是打天下時，草莽的那一套，其搶奪國家資源的形象，被社會譏為「吃相難看」。

打天下容易，治天下難的歷史教訓，斑斑可考，李登輝治績出格，是因為他多了一門心思，整垮國民黨，畢竟他還是被那個行之已久的文官制度所縛。陳水扁沒了顧忌，自由了，可以為所欲為了，文官也罷，制度也罷，去他的吧。也許這正是當年台灣社會寄予他的期待，一個想覆舟的人，沒想到自己也在覆舟之中，正應了俗話說的天道循環。稱道陳水扁為台灣之子的人，他們幾曾會想到，陳水扁竟是個「臨床講義」下的敗家子。

台獨教父還是統一功臣

如果陳水扁的八年執政，經濟每年維持在百分之八的成長率，國民所得由一萬七仟元，逐年遞增到四萬美元。台灣的民主法治，完善到成為亞洲的民主典範。他的台獨路線，即使不能獨立於中國之外，亦可以獨立於中國之內，台灣將成為十三億人嚮往的聖地，他將成為真正的台獨教主。

台灣問題，胡錦濤領導的中國共產黨，怕什麼呢？怕台灣的國民所得，名列亞洲前茅，怕台灣的民主法治，成為亞洲的典範，那不啻中共領導人的惡夢。

前期經歷李登輝十二年的戒急用忍，後期經歷陳水扁八年的鎖國政策，台灣的經濟，內有經期不調，外遇邊緣化危機，國民所得遲滯不前，前景暗淡。一個失去競爭力的台灣，還有什麼可怕的，這樣的處境，無疑是最符合對岸統一的利益。

政治面，陳水扁八年執政，破壞得最澈底的是台灣的民主建設，他的隱形法希斯統治，鉗制住所有的警檢法，聽命於他。二〇〇四年總統換屆選舉，他明知其不可為，自己的四年政績不及格，便另闢溪徑，用兩顆假子彈巧取，再以法希斯手段，綑綁住檢調司法而豪奪之。陳水扁的玩法濫權，為什麼會同時得到布胡的認可。一個從桌面上申賀，一個從桌面下默許。布希看重他對中國大陸的驕情造作，有美國掣肘中國的利用價值。胡錦濤看重他對台灣的毀滅性執政，有減少中國統一台灣的障礙價值。他們或明或暗的表態，真正做到了，各盡所能，各取所需。

觀乎陳水扁第二個四年任內，他的所作所為，無一不符合布胡的期許。同時，他們在扼制陳水扁的台獨思維方面，可說是默契靈便，已至化境，陳水扁的促統倒獨，功不可抹，唯胡錦濤才是大贏家。

陳水扁八年執政的最大成就，就是唱衰了台灣，掃除了中共統一台灣的障礙，成為中共統一的最大功臣。

陳水扁的後遺症

陳水扁沒有接受過正規的文官訓練，又不似古代草莽出身的統治者，深知自身弱點，且江山得來不易，為了珍惜，不得不做好統治者這個角色，便不惜紆尊絳貴，不恥下問。陳水扁由一個街頭小律師，一躍而成為台灣的最高統治者，得來全不費功夫，復挾台灣之子的一身榮寵，促使他過度地自視、自滿、自持。

律師這個行業，可以行善，義之所在吾往矣，也可以為惡，利之所在吾往矣。不幸的是陳水扁這個律師，正是一個利之所在吾往矣的律師，一個以販售法律為業的律師。法律的行為準則是定向性的，把法律視為商品出售的律師，必然要將定向性法律，變成多向性，俾從轉向中獲勝取利。因此，他的行為準則是不按牌理出牌，其中心思想祇有一個字「利」，凡阻礙他謀利的人或事，都在排除之列。文官制度對草莽而言，那是最礙手礙腳的束縛，之不被陳水扁喜愛，自在意中。

海巡四署應該是那個單位的直轄機構，決不是外交部，外交部竟有權直接指揮，這又是一種什麼形式的組織結構。釣魚台長期以來，一直是台灣政府的一根軟骨頭，曾經自負為日本皇民的李登輝，他解決釣魚台的方法，乾脆不承認台灣是釣魚台的領主。民進黨執政八年，也從不敢就釣魚台領土主權，向日本嗆聲。今天民進黨人站出來鼓噪，要求馬政府有所為，有所交代，決不是為了同仇敵愾，而是居心叵測。民進黨人把馬英九看做青蜓，為日艦撞船事件鼓噪，認定馬英九若向日本嗆聲，猶如蜻蜓撼石柱，自找沒臉。這也正是民進黨自身的一塊心病，欲借馬英九的沒臉，來掩蓋自身的沒臉。

陳水扁不喜愛防礙他行事準則的文官制度，便在此制度之外，另立自己的制度，中華民國政府的政治違章建築，於焉成立。原來在此次釣魚台事件中，直接指揮海巡處撤艦的指揮官，乃外交部非編制內單位，屬陳水扁的違章建築「日本事務部」主管葉明耀所為。其人既屬違章建築，其行為必然違章不符制度。問題在這類違章建築，還有多少個被遺留下來，還需要多少時間才能清理乾淨。

民進黨人八年執政，依政府組織法，它在制度之外，施政的能力，它在狀況之外。進入政府組織時，民進黨人是隻菜鳥，離開政府組織時，仍就是隻菜鳥。一個高中畢業生就讀大學醫科，八年時間，至少已獲博士學位，成為專科醫生，民進黨學會了什麼，也是一個字「貪」。

從事件的相對責任來衡量，劉內閣亦不能辭其咎。按馬英九從當選總統確定，到接任執掌政權，其間有整整兩個月時間，依程序進度，三二二以後，應已設置前期內閣，從事重組政府的相關事宜研究，並應嚴重正視陳水扁設在各部門的違章建築，接任之初，首要之務，便是去此虫蛆，不能留為後患。

馬政府上路才一個月，下結論言之過早，但，觀乎其團隊的施政作風，不能不令人引以為憂。隱隱讓人看到馬英九症候群，溫吞、遲鈍、易被鼠輩所制。今天政壇上的鼠輩，囊括了國、民兩黨，立法院是其大本營，妥協不足以成事，對付鼠輩衹能用「斬」字訣。

陳水扁的意亂心迷

俗話說「病急亂投醫」，陳水扁若非自認為已到窮途末路，心智已接近崩潰邊緣，他豈會被宵小所乘。以陳水扁的閱歷、經歷、資歷竟會栽在一黃口孺子手裡，已非常情所能論述。既非常情，以陳水扁當下的處境，應是另有隱情了。

陳水扁的隱情在最需要參謀幕僚，為他出謀劃策的時候，他已四顧茫然，找不到一個可以真情相對的人。面對自己的律師，或支持者，都不能以真情告白，一吐為快，這是令陳水扁喪失自信自持的根本原因，才會陰溝裡翻船。

傳媒對特偵組的遲遲不予陳水扁以拘提行動，為難為憾。但從陳水扁的精神狀態觀之，他受到的不是禮遇，而是精神淩遲。試想，一個重病等待死神的人，得不到醫生的眷顧，不被說明病情，眼睜睜地看著他週遭病友，一個接一個地被送去太平間安息，還自願為醫學實驗作奉獻，這在陳水扁的心理上，將產生什麼樣的效果。現在的陳水扁，惶恐取代了平靜，無助取代了希望，他眼前呈現的是一片漆黑，深淵。祇要能抓到一抹生機，他都不會放過，他心理的脆弱，已是一碰即碎，才會被個小騙子所矇。對陳水扁這樣一個玩弄別人成僻的人，被一個黃口孺子玩弄，應是他生平的奇恥大辱。同時也看到陳水扁的迷失，真正是六神無主了。

比阿斗還遜

劉阿斗被譏諷為歷史上最無能的統治者，說他無能容或有之，說他沒有智慧，那便見人見智了。從他為自己定位的思辨力來看，他的智商應在一般人之上，古往今來能夠正確為自己定位的人，為數是很少的，阿斗便是這少數人中的一個。他做統治者時，外有諸葛亮，內有諱幃法正，大事輪不到他，小事他樂得不管。投降之後，身為俘擄，仰人鼻息，更是裝聾裝癡樂不思蜀，這樣的智慧古今能有幾人。

台灣的統治者陳水扁，從一個街頭小律師，一躍而成為全台灣的最高領導人，這不是他自己編織的夢，而是綠色選民為他創造的時勢。他幾乎沒有一點心理準備，更不用說思想準備了。做了四年半的總統，還分不清什麼事該做，什麼話該說，什麼事不該做不該說。到現在為止，他還沒有為自己找到位置，也沒有為自己找到立足點，此所以他的言行，便顯得無所適從。他的所言所行，都還是基于慣性思維，把在選舉中得來的經驗伎倆，一股腦兒搬到國際政治舞台上來賣弄，還以為是魚之得水，遊刃有餘。今年的雙十國慶講話，先向美總統布希呈稿，核准後又暗渡陳倉，妄想欺之以方。美國人再笨，也不會比陳水扁更遜，鮑爾的突訪北京，向全世界宣示台灣不是一個主權國家，澈底破滅民進黨的綠色夢，這正應了一句話「弄巧反拙」。

從雙十講話事件來看陳水扁，他聰明有餘，智慧不足，有權術卻沒有謀略。他的能耐最多做個國際政治混混兒，綠色人把綠色建國的重任，放到陳水扁的肩膀上，正是有為者不若是。

名牌

資本主義的核心價值，就是賺錢，那些美化資本主義的説帖，都是包裝。體現資本主義的最直接手段，就是商業。早期從事發黑心財，賺黑心錢的商人，用壟斷的經營方式，單方面決定價格，獲取暴利。馬克斯出來打抱不平，倡導共產主義要革資本主義的命。畢竟命比錢重要，便出現了改革的資本主義，首當其衝的便是剷除壟斷。不甘心的商人像洪水一樣，有縫便鑽，有隙便蹈，很快便讓他們找到了一個缺口，名牌。

名牌是針對人類心理弱點——虛榮與貪婪，設計生產的產品，故意抬高產品價格，使消費者從消費行為中產生價值感，自豪感，從而得到滿足。同樣是壟斷，名牌是合法壟斷，西方人把這種遊戲規則稱之為「智財權」，使消費者的虛榮心獲得進一步加強，貪婪感更為強烈。它除了獲取暴利，還促使一些無力消費者，因消費而犯罪下獄。

虛榮心是自信心的負面心態，缺乏自信的人，是因為缺乏對自我的價值判斷，無法真實地認識自我。精神上他（她）需要來自外界的讚美或阿諛，物質上用名牌來自我價值化，認為有了世界頂級名牌產品，自己也變成了頂級名牌，頂級產品。貪婪使他她們感到匱乏，永遠不能滿足，無休止地求索，犯罪便從這裡開始。

名牌觀念是從那裡產生的呢？從人的價值產生的，一個人若被生在倫敦的白金漢宮，那他一生下來便成了名牌。成功的人，理所當然也就成了名牌，成了名牌的人，還需不需要用名牌來包裝呢？這是當下最被社會質疑，最富爭議性的問題。從中國傳統的美學觀點來看，中國人的美的追求，是先從追求人的自身開始的。觀賞中國的藝術作品，先要鑑賞作者，最常聽到的說法是「字如其人」。其人的意識境界，或稱氣質，反映到作品中，才是作品的藝術境界。

從未聽說過蔣夫人身上有名牌裝飾，雖然她不是直接民權選舉出來的第一夫人，她可是國際超級名牌，對日抗戰勝利六十週年紀念日，雖以輪椅代步，還是被美國國會請去演講。現代版的名人品牌中，中國國務院副總理吳儀，那也是個國際超級名牌，她更不是什麼民選的第一夫人，她是以個人出類拔粹的魅力，享譽國際。從上述名牌看名牌，穿名牌戴名牌，不如自己是名牌。某些人即使穿上金縷玉衣，人們禁不住要質疑，那裡面裹着的是一付高人格氣質，還是一付臭皮囊？

撞牆

陳水扁長期以來，一直處於個人的「言行」信用危機狀態，但他卻成功地把持住陳水扁「語境」效果。每遇他的發言，都能引領社會及輿論的方向，無論信或不信，都會被激起漪漣，這便是陳水扁語言的威力。因為台灣已是一個語言的社會，人人都爭著發言，唯恐落後，在各種語言的背後，都有著各種不同的政治標籤，政治語言成了主流。

不明究裡者，從政治語言的泛濫，看臺灣言論自由的泛濫，還真以為台灣是一個充分的民主社會。殊不知這種語言的民主，是一特殊階層的民主，置身此階層以外的人，便享受不到這種民主，這也正是台灣政治語言與言論自由的吊詭。

被捲入陳水扁貪瀆案的，除陳家一家人外，其週遭的親親眷眷尚不知凡幾。為了規避法罰，陳水扁把案情全部推在其妻吳淑珍身上，因其殘疾，可以逃過刑罰。又因其殘疾，更幾番規避出庭應訊，陳水扁一再推陳出新，製造吳淑珍的病情，當然這後面還少不了台大醫院的背書。

「撞牆」是陳水扁的最新產品，大意是吳淑珍失卻生存意志，竟自推車撞牆尋短。陳水扁的故事，向來的特色是羅生門天方夜譚式，因其市售率高，所以樂此不疲。這個故事若是指她藥物尋短，或能引至某種程度的同情，指她「撞牆」，反倒引起質疑與猜測。

坐輪椅撞牆，這要多大的力量才能碰到牆壁，須要多大的力量才能把人撞死，陳水扁在製造此新產品之前，有沒有過計算。推輪椅撞牆尋短，首先要有足夠的距離，讓輪椅加速，加速到輪椅的速度超過人體的重力速度，才能造成人體損傷。吳淑珍長年坐在輪椅上，被人推持，她的兩手兩臂，從未用過一絲一毫氣力，她如何能推動身載的輪椅，更那來神力為輪椅加速，即使有這大力氣，也沒有足夠的空間距離。

近距離撞牆，分正面與側面，正面撞，當上身向前俯衝時，臀部是向後衝的方向，也同時帶動輪椅的輪軸朝後運動，坐在輪椅上的吳淑珍，也會隨著輪椅的向後運動而後退，她的頭部和身體如何能接觸到牆壁，也便不可能造成傷損。側面撞更使不上力，祇能是一種撒嬌式的嬌嗔使性。

陳水扁先生，陳水扁前總統，你的羅生門天方夜譚故事，何時了？

互咬

兩個犯罪的人，或不道德的人，相互揭發對方的犯行或失德行為，被俗稱為「互咬」。這本是兩個市井無賴之徒間的行為，竟上升到兩個退休元首間扯皮，其墮落無行，嘆為觀止。

這一陣子由陳水扁的海外洗錢案，扯出李登輝的海外洗錢案，從雙方緊咬不放的情節看，雙方都掌握了對方的真憑實據無疑，以兩人的政治地位高度，所言必非空穴來風。

中華民國是個什麼樣的國家，很難說得明白，她既民主又不民主。怎麼說呢？按說民主的主要精神是「法治」，從法治看臺灣的民主，咫尺天涯。問題出在，民主是什麼？從未有人說清楚，台灣的民主是什麼式的民主，更沒有人把它說清楚。用法治這把尺來量台灣，不但沒民主，些許還帶點獨裁色彩。否則，陳水扁李登輝如何能夠玩法亂政而不觸法犯法，因為制度給予他們以充份的自由，他們才敢於大膽妄為。

台灣的民主，是一種削足適履的民主。老先生主政時代，那是一個危如累卵的時代，一則內外環境惡劣，二則文化習性使然，那時候的總統，是一個龍袍加身的總統。法律與制度，都是圍繞著政權生存設計制定，唯其如此，才能留下一個純淨的台灣。

輪到李登輝主政，他的專長是農業經濟，雖疏於政法內涵，卻是個一流政治玩家。他的背景資料紮實，既跨黨派，又跨國界。他將威權與民主，巧妙地異體連嬰，也即是用威權的法制搞民主形式，得到保護國的認同。任期內，不論他如何亂政亂法，人莫奈之何。

陳水扁接替李登輝，也接收了李登輝的威權民主，他原本就是一個法律玩家，承此衣砵，他玩得更為囂張，更加倡狂，直玩到惹火燒身。他不甘心就範，成眾矢之的，他想到了與他同是玩法高手的李登輝。正如李登輝說的，要死大家一起死，陳水扁無疑在拖李登輝下水墊背，導致兩人原形畢露，互吠互咬。

踹一腳

陳水扁出庭應訊，被踹一腳，致其坐骨神經受傷，給社會帶來騷動，就事論事，雙方都有不可推卸的責任。

先說陳水扁，身為國家卸任元首，制度內應遵應守的法定秩序，都不予尊重，他便失去社會尊重的應有尊嚴。他在一般人民眼中，已是一個無足掛齒，或耻與認同的人，人民才會以脚踹來輕賤於他。

陳水扁出庭應訊，台北地院已與警中正分局，做好協調，特為他出動兩百名警力維安，並做了動線規劃，進入線為重慶南路一段一二巷地院正門。他偏不走地院正門，改走博愛路檢方大門，地院的後門或側門，這說明陳的性格，一貫是旁門左道。

社會大眾質疑的是，陳水扁走偏鋒的動機是什麼?引起社會的注意，以其人心機之深沉及詭詐，決不會這麼單純，為以後的訴訟迴避出庭應訊找藉口，除非蘇安生與他是同謀，看來不像。引逗媒體的追逐注意，為重出江湖做伏筆。總之，陳水扁的不按牌理出牌菜，已是他的招牌「菜」，他若不玩點花樣，搞點小動作，便非扁式風格。

陳水扁剛剛卸任，對社會成本這個題目，應不會忘得一乾二淨。一個小小警察分局，其編制員額應該有多少人，一次性動員兩百員警出勤，其中當值與不當值的比例是多少，不當值的不是應以加班計勤嗎？請阿扁先生算一算，出一次庭，人民要為你支付多少社會成本？

照x光及一次核磁共振，要多少醫療費用？台灣人民為你付出的還不夠多嗎？省省吧！

蘇安生的衝動，其情可愍，其行則不可取。理由在法治社會，絕對忌用私刑。私刑是報復，公刑才是懲罰。私刑漫無標準，公刑則法有明文規定。蘇安生與陳水扁之間，應沒有法律糾紛，要有也祇有公憤，便更不宜用私刑了。公憤屬於社會性的不平，如果社會中不滿的人都對之用私刑，任何人都承受不了，那也就不成其為法治社會，成為暴民政治了。理性為社會進步的標誌，千萬不要為了個人洩忿，而使社會遭受污名化，這是民主社會必須記取的教訓。

全民陪審團

美國司法制度，由陪審團定罪，法官負責量刑。陪審團成員，進入徵選程序後，由法官宣佈案情，再經由兩造律師，如係刑事案件，或檢察官與律師，徵選同意後，才能進入案情程序。這些被徵召來的市井小民，多半都是法盲，由他（她）們來決定犯罪嫌疑人的犯罪命運，是不是太過輕率，事實是美國人從未懷疑過，陪審團的作用和判斷。也曾質疑過此制度的公正性與可行性，歷經長期的觀察與參與之後，才理解到它的真義，在擷取人的無知與直覺。正因為對法律無知，在聽取兩造雙方辯論時，對被告才不會產生成見與偏見。直覺是人的最真實感覺，當結論在腦中縈迴時，直覺所作成的判斷，其正確性往往比推敲更為接近事實。

陳水扁再度進入看守所被羈押，有人把看守所戲稱之為牢房，牢房是禁閉犯人的地方，陳水扁尚未被起訴判刑，不能視之為囚犯，要之，也祇是個准囚犯，若要為此准囚犯居所定名，可稱之為「預備進行式牢房」。

陳水扁在參政之前，曾經是一成名律師，深諳法律的演算公式和操弄手法，給予他在裁判庭上，縱橫捭闔的空間。他用不知情來為自己的貪瀆脫罪，把索賄受賄惡行，一股腦兒推到其妻吳淑貞身上。社會上流行着一種說辭，吳淑貞不具公務員身份，收受企業獻金，不構成貪污罪。此說近乎荒謬，第一，按照陳水扁陳述，那是政治獻金剩餘款，選舉捐贈，屬於目標捐贈，用途限於選舉，事後不得有對價關係，剩餘款更不得落入私人口袋，即使台灣沒有成文法，也有國際民主選舉慣例可循。第二，佔有或使用非個人所有之財物，均構成侵佔罪。以美國法律為例，如個人銀行存款帳戶因銀行存轉錯誤，造成帳戶內存款不當增加，應立即通知銀行。若提取該項不當增加款項據為己有，或關閉帳戶，以圖淹滅，一旦被查出，即構成刑事犯罪。陳水扁所指陳的選舉剩餘款，也非陳水扁所有，不論是吳淑貞或陳水扁本人，據為己有已構成侵佔罪嫌。第三，陳水扁若不是踞居總統高位，吳淑貞那來權力魅力，讓企業界的狐狸們趨之奉之。企業狐狸們若不是得到陳水扁的眼神關注，誰會理會吳淑貞的魅力和指使。陳水扁若不承諾對價交換，企業狐狸們如何肯把上億的銀子，白白送到吳淑貞手上。陳水扁若不用眼神威攝指使，行政院自院長以下部級官員們，如何肯俯首貼耳聽命於內宮吳淑貞。這些人性的直覺面所指向的事實，都說明陳水扁與吳淑貞乃共犯結構，其貪瀆腐化，已無所遁其形。

台灣政治上的藍綠對峙，已至民粹化，上自政府機構，下至民間社團，都或明或暗地藍綠對立，司法也未能例外。為了避免藍綠的爭議，有關陳水扁的貪瀆審判，提議仿傚美國陪審團制度，成立全民陪審團，開放全民審判，以公投方式對陳水扁的罪行，由全民票決，責成法庭祇依法量刑。

夢的啓示錄

話說陳律師厠身羈押房，時間愈久，幻想愈多，夢也愈來愈頻密。這天夜裡，他慣常地帶着無罪思維，企圖進入好夢。

最困擾陳律師情緒的，莫過於思想（理性）與心靈（潛意識）的矛盾。思想上，絕對排拒自己的犯罪，但心靈上又矇着層層犯罪陰影，拂之不能去，如影隨形。為了擺脫這個惱人的桎梏，他不惜上窮碧落下黄泉，尋求解脫，他四處攸遊，隨性之所至。這晚，他走到一處暗無天日的地方，隱隱約約看到一道門，踱到近處看時才發現，那是一道城門，心想既來之則安之，何不進去一窺堂奥。來了一隊官兵，最前面有一塊牌扁，上書一個斗大的迎字。陳律師隨在官兵身後行去，進到一棟宮殿式建築，上面一塊扁，大書森羅殿三個字，畢竟是曾任國家元首的人，受到禮遇迎迓。那閻王卑恭屈膝讓之上座，委婉開言道：「下官所管均屬地痞流氓，不入流之輩，且地狹魂多，無處容身者，都成了孤魂野鬼。陛下九五至尊，應該去天堂尋求發展，那兒海闊天穹，奉献盈野，油水豐當，正合陛下聖意。此地不毛惡濁，非踱留之所，上祈見諒。」說罷，一聲送客，不容分說，把他請了出來，心想此處不留爺，自有留爺處。

冥冥中又來到一個所在，雲封霧繞中，閃爍地顯出「天堂」兩個字。心想那閻王忒也太小看我了，我好歹也是一國之君，豈會覬覦他那張破板凳，一邊想，一邊拾級登階而上，且看這天堂如何。不旋時，來了兩個俏麗的安琪兒，手舉 Wellcome 告示牌，衹見那藍眼碧睛的粉臉，細膩均勻的大腿，覆蓋在薄如蟬翼的敞衣底下，撩人情思，無怪乎人人都嚮往天堂。

上帝耶和華，站在聖殿上接見他，單刀直入地問他所為何來，一向口頭便給的陳律師，竟也有瞠目結舌的時候，心想對方是萬能的主，不如求祂赦免自己的貪瀆罪孽，省得受那些檢察官審判官的鳥氣。主意打定，先付了贖金（奉獻）便哀吟道：「主啊！赦免我的罪罷？我萬能的主。」「按照我們的規距，贖罪之前，要先告解，也就是先要認罪。」這是他媽的什麼萬能上帝，要認罪才能脫罪，我來找你幹什麼！我要的是不認罪，贏得一身清白，包括全家人清白。氣急敗壞地反問道：「如果我不認罪呢？」「有裡由嗎？」「我是個一流的律師，要裡由，我可以編一籮筐給你。」「律師是一個最不誠實的職業，回去罷，天堂不需要你，你也不屬於天堂。」

他沒有失落，想到了佛祖，放下屠刀，立地成佛的偈語。所謂佛門，它不待外求，就在人的心中，並沒有真正的門。陳律師尋尋復尋尋，不得其門而入，正當他心恢意冷之際，祇見那廂來了一個和尚，垂詢之下，才知他是瘋和尚濟顛。「師父請了！」濟顛一看，陳律師臉上透着油膩，滿臉匪氣加戾氣，「你這麼油嘴滑舌的套近乎，八成兒是貪贓枉法，幹了什麼壞事？」「你老人家想到那兒去了，我不過是仰慕你老人家法力無邊，救苦救難……」「救苦救難是觀世音，不是我，你認錯佛了。」「沒錯，沒錯，我找的就是你老人家，你看我正在急難中，能見死不救嗎？」

也許是被感動了，濟顛觀察良久，問道：「你想要我老人家為你做什麼？」陳律師心中竊喜，這瘋和尚終究上了鈎，作難的是不能直說，又不能不說，便含混其詞地道：「你老人家能不能為我找個避難所？」濟顛一聽，哈哈大笑道：「何需要找，你自己早就定好床位，此去不遠，前面有座大山，山下有塊小石碑，上書「五行」兩個字，你站到碑前，大叫三聲，悟空，我來了，自有人接應。」陳律師聞言大喜，按照濟顛所示，果真找到五行碑，大叫三聲之後，祇聽風雷響動，刹那間，雷電交鳴，漆黑無光。心想這類驚天地，泣鬼神的徵兆，在台灣曾經有過一次，那一次是送死，我這一次是迎生，輕重之分立判矣。忽見地底下冒起一股黑煙，昇起一扇拱門，孫行者從裡面笑吟吟地走了出來，拱手相讓，陳律師大剌剌地走了進去。吧噠一聲巨響，那門已隱沒不見，立身處空間非常有限，擺着三張單人床，孫行者指着就近的床位道：「那就是今後閣下的行宮。」陳律師心中甚是不悅，怎麼陛下變了閣下，急驟間無從深究，他最關心的是人權，和有沒有熱水洗澡，並指着空着的床鋪道：「這是給誰留的床位？」「閣下的大師兄魔西李。」

君子之爭

論語八佾第三，有一段孔子論君子之爭的話：

子曰：「君子無所爭，必也射乎！揖讓而升，下而飲，其爭也君子。」

語譯「孔子說：『君子對人沒有什麼競爭，有的話，只是在行射禮的時候吧！相互作揖行禮，然後升壇射箭，射完後，又相互作揖，勝的人揖讓敗的人升堂飲酒，這樣的競爭，才是君子之爭。』」

民主選舉，更應該是一場君子之爭。

二〇〇八謝律師參與總統大選，他與馬英九的君子之爭，引起許多人的好奇，對謝律師的大學入學考試，他的中國文化基本教材得分數感到興趣。大家都在猜，他到底得了多少分，結論是一百分滿分。因為，他一直站在被揖讓的上風，馬英九總是站在下風揖讓。

沈富雄選前便為馬謝決定了名次，成了今次選舉的未卜先知，他的能耐，也不過是從君子之爭看到了苗頭，只這一點，眼光已在眾名嘴之上，高。

言行失格

民主選舉是什麼？曰民主法治的示範，競選者民主素養的試金石。全社會都在時時刻刻檢驗競選者的言行，是否符合民主法治的要求。作為國家的領導人，社會的頂層人物，如言行出軌，何以示範群倫，領袖群倫。

選戰是一種民主競爭形式，參戰者首要學會的，是公平競爭的原則，失去公平便不能稱之為民主。競選者在各式各樣的造勢會上，都是主講者，俗諺云：「言多必失」。每天面對眾多的選民，做不同層次，不同地域，不同對象，不同種族的演講，很難保証自己不會有言辭失誤的地方，出了錯，便立即誠懇道歉，選民們可以接受予以寬容。美國民主黨的兩位競選者，歐巴馬與希萊蕊，都曾失言，也都立即誠懇道歉。此民主先進國選舉的風範與要求，後進國應該學習的榜樣，台灣二〇〇八選舉，不是比民主素養，完全是比爛，比不入流。

謝長廷投入這次大選，他的言辭不是失誤，而是失格。失誤是不小心「說錯話」，失格是蓄意「錯說話」。故意以暗諷性、侮蔑性言辭，攻擊部份自己認為非我族類的選民，以博取部份屬我族類選民的歡欣與認同。謝長廷的言辭，如果放到美國選舉場上，他至少觸犯一項聯邦法或憲法罪，種族歧視。在台灣種族歧視是一個長期存在，而今為烈的議題。也是部份知識界，精英份子認同極力推動的議題。民主對台灣社會而言，還是一項政治奢侈品，爭取政治權力的說帖，對外爭取保護，對內爭取合法，看台灣政客玩弄民主，不能認真，也認不得真。

謝長廷對自己的失格言論從不肯道歉，原因之一是，他不知道自己的言論失格。那是因為長期以來，他與其黨人習慣性的言辭，將社會分割成兩大區塊。一塊是屬於謝氏語言的盛行區域，一塊是屬於抵制性區域，台灣已從語境的分辨率，形成一邊一國的台灣。問題出在兩個板塊成重疊交錯狀態，分不出你是你，我是我。當媒體提供整體性報導時，謝長廷的言論，一邊是掌聲，一邊是噤聲，掌聲使謝長廷自信，堅定，不肯認錯。

另一原因是，台灣部份知識精英界淡薄民主，崇尚權力，促使權力競逐者，忘其所以。忘了自己是在民主的選舉場上徵逐民權，選民才是自己權力的來源，自己應充當民主法治的示範者。這般肆無忌憚地一邊一國論，謝長廷祇聽到掌聲，聽不到噤聲。因此，他的志得淹滅了危機，他的意滿忘卻了選票。他不為失格道歉，一則傲慢不屑，一則自信剛愎，謝長廷的民主示範，助長了台灣民主的失落，增進了選舉語言的乖舛，導致了選舉思維的荒謬，最後造成選舉的失分，讓他贏得台灣選戰史上最大的失敗。

前置判決

前置判決是預設值的延伸或擴張，預設值是預定某人一定會犯罪，把預設的犯罪，提前作成判決，就是前置判決。這比古代的腹非，還更提前一步，腹非還祇是嫌疑犯，未來進行式，前置判決是未來完成式。這是謝長廷選舉謀略中，收效最顯著的一招絕招，也是他贏得四百餘萬綠色選票的一招絕招。判斷原是屬於人類智商中的常識性功能，人人都具備，人人都能運用的功能。不可思義的是，綠色選民就是不具備此普及性功能，才會被綠色競選者牽著鼻子走，被驅使、被奴役。

謝長廷在民進黨長達八年的執政無能，經濟衰退，人民燒炭自殺情況下，出馬參與二〇〇八年的總統大選，不是沒有過計算的。祇不過他所計值的諸元，使用的還是民進黨的儲蓄值，舊的統計學內容，無怪乎會產生如此大的誤差。

他對綠色選票的計算是很精準的，他的選舉戰略正是圍繞著此綠色選票而設計的，他的固票，也使他失票，這是他選戰前期作業的最大失誤。謝長廷沒有低估對手，相反的，他深知此戰的嚴峻性與艱苦性，他是以臨深履薄的心情，應對此仗。他低估的是選民，對所謂的中間選民的選舉智商，作了最壞的判斷。今天的七八年級選民，比之五六年級的綠色選民，對民主的觀念與要求，何止是高出幾個階梯而已，簡直是不能同日而語。於謝長廷的民進黨選舉故技，不予苟同，故無論謝長廷如何使出混身解數，都無動於衷，謝長廷焉得不敗，戰之罪也。

當新聞報導，駐大陸台商將大量返鄉投票，謝長廷的反應，其心態傾向於認定這些返鄉投票的台商，都是不滿意民進黨，而屬意國民黨的選民。為了阻擋這些人反台投票，在第一時間，即向媒體前置判決台商返鄉投票是中共走路工，言外之意，台商已失去投票的正當性，不應給予投票權。此前置判決的另一作用，同時加強對綠色選民的心理建設，作為固票的凝固劑。

謝長廷的台商返鄉投票認知，與中間選民嚴重脫節，他於大選出手的第一招，未傷到敵人，先戳傷自己，真不知道謝長廷是奸巧，還是笨拙。

捏造

民主選舉有其言論的尺度，此尺度的嚴謹度，更勝過一般輿論的尺度，理由不外乎前所陳述過的，它關係到民主法制的示範性作用。競選者的每一句話，每一個議題，都要接受社會輿論及大眾的檢驗。台灣社會所標榜的民主選舉，其理念與行為，似與一般正常的民主選舉不同，其最顯著的特徵是有所謂的「選舉語言」。一種非法律行為的語言，它不受法定的「言論自由」約束，這是本篇要討論的「捏造」一題的由來。

捏造乃非事實的陳述，根本就沒那麼回事，硬造成那麼回事。捏造觸犯的雖屬刑事法範圍，它在一般刑事訴訟關係中，屬告訴乃論。就法論法，從立法的精神看，它是一種息事寧人的立法，多少帶點鄉愿性質。傳統儒家學說，正是子之矛，攻子之盾的學說，它一則說鄉愿德之賊也，一則說為尊者諱，為長者諱。捏造放到選舉語言中，不能再沿襲告訴乃論，因為選舉語言，乃是政治性語言，不能依常情論。蓋政治性語言，含有嚴肅的政治性目的，奪取執政權的目的。競選者在奪權之初，便企圖以捏造來奪取權力，奪權之後，會不會做權力捏造，更或捏造權力呢？這是多麼可怕的心智活動，必須修法阻止，前「朝」之鑑，還不夠殷切嗎！

「捏造」罪，謝長廷是一名慣犯，他與吳敦義競選高雄市長時，便有過前科。因為國民黨人都屬儒家學派，猜猜看他們敬愛的蔣總裁是一個什麼樣的人呢？堯舜禹湯文武周公孔子孫中山一脈相承的接班人，明乎此，便不難想像國民黨人的屬性了，「官僚怕事」。這也是謝長廷為什麼敢一而再，再而三地運用此捏造技倆，也一而再，再而三地得逞，被國民黨寵壞的。

周美青偷報紙，是一個典型荒誕、滑稽羅生門故事。有為人師「婊」者出來講得口沫橫飛，津津樂道，更有洋師婊出來作証。故事的梗概是，有洋師婊的朋友的朋友，從美國警察局看到該偷報紙的犯案紀錄，還有紀錄上的簽名「美青周」。從這個故事，看到了民進黨人的一個通病，造假不認真，它與陳水扁的兩顆子彈，有異曲同工之妙，簡陋、粗糙。美青周是周美青未婚前的名字，美國的習慣，女性一旦結婚，就會改姓夫姓或冠夫姓，那位洋師婊把CHRISTINA馬說成美青周，這說明他是多麼地輕視自己的証言，輕視自己的人格。一個人站出來作証，証明犯案者的案情，除非是目擊者對現行犯，可不必知道對方的姓名。但事隔二十餘年，又非目擊者，從朋友的朋友處得知，連被指証者的身份背景都一無所知，還敢出來作証，可見這位洋師婊是如何地大膽妄為，目空一切。

保護隱私屬美國聯邦法，那位洋師婊的朋友的朋友何許人也，能從美國警察局看到犯案紀錄，一定大有來頭，遺憾的是洋師婊連姓名都諱莫如深，是不便說，還是無從說起。扯談也要扯出個頭尾，像這麼削頭去尾的瞎扯，虧得還是兩位名牌大學師婊，有學生說愛聽師婊講經論道，原來如此這般，信乎哉，不信乎哉，學子也。

操行

把人格教育放在小學範圍內，中外似乎不謀而合，美國青少年進入初中學習，便也不再接受言行的考評，成績單上再也沒有操行這一欄目。

人格培養，中外有共同點，也有不同點。它不同在內容的繁與簡，美國老師對學生的行為檢索，共有五個項目。他們稱人格教育為 **Personal and Social Development**「個體與群体的開發」，第一 **Gets along with others** 與人相處。第二 **Shows Respect** 尊重或尊敬。第三 **Carries out responsibilities** 履行責任。第四 **Obeys rules and regulations** 守法和守紀。第五 **Shows Self-Control** 自律。這是一種自外向內探索的觀察，它的優點是細緻嚴謹，客觀全面中國學校作為人格開發的欄目祇有一個「操行」，這是一種概括性的觀察與探討，評鑑的主觀性強，客觀性弱。也許是因為中國的家庭教育比較嚴苛，人格教育的重點，便自然而然地由家庭肩負起主要責任。社會對言行出格者的指責，也多是以家庭為對象，以父母為鵠的。

人格教育是為啟蒙教育，學前從家庭啟蒙，經由學前班、幼兒班至小學，都屬於人格規範的場所。當個人步入社會，首當被檢驗的，就是其人的人格教育。如言行出格，首當其衝被詬病的，是他的家庭，亦即父母。所以為父母者，一旦子女成人，走進社會，最擔心的是他（她）們被人詬罵「沒有家教」。

二〇〇八年台灣大選年，所透露的社會文化現象，可以視為自李登輝執政，至民進黨的政權更遞，二十年來總的結算。社會文化往上提昇，政治文化往下沉淪。

陳水扁執政團隊裡，有一個被社會輿論所公認的新三寶，這是相對於立法院民進黨的舊三寶而言的。民進黨立院三寶為什麼會被輿論恭維為舊三寶的呢？因為他他們與新三寶有類似雷同之處，他們的言行，更為怪誕囂張。不幸於二〇〇八年立委換屆選舉，被選民們以票決的方式，開除出國會殿堂，失去他們耍寶的場所與空間，故被尊之為舊三寶。

那麼新三寶又寶在那裡呢？同樣寶在他們的言行怪異，不符合一班為官作宰者的言行規範，連作為社會文明人的言行規範也都不符合。也就是說，作為人格教育的基本訓練，他們是不及格的。他們自我標榜的特立獨行，是言辭便給、粗鄙。為了中傷被攻擊者，他們不惜出以揑造，杜撰，附會等手段，恣意攻訐。他們還不祇是政府的高階官員，更是大學的師表，盡管人格教育已不關乎大學教育，但大學教育畢竟是一個已完成人格教育的教育。如果教授本身的人格教育都不及格，作為正常人的資格都不具備，他如何面對學校和學生，學校和學生又如何面對一個人格教育不及格的老師。

社會慣於把言行臧否的人，也就是上述人格不及格的人，稱之為人渣，容納人渣稱之為藏污納垢。傳統中國對讀書人的要求，敦品第一，學府者，敦品勵行之所也，若學府也藏污納垢，豈不哀哉。

看台灣的大選

所謂大選是指最高層次領導人的選舉，謝長廷以挨打的哀兵姿態，贏得民進黨黨內提名，其競選之路，走得極其坎坷。一開始，先是在黨內鬥爭中，被當時任行政院長的蘇真昌，以戳痛腳的方式，予以無情的撻伐，其中對謝長廷傷害至深且鉅的一則廣告，「轉移焦點，不能改變貪腐事實。」上述貪腐事實，乃指謝長廷高雄市長任內，有關高捷工程的十大弊案而言。言外之意，直指謝長廷的誠信有問題，此後，該廣告辭又成了國民黨候選人馬英九的競選口碑。它成了一道不散的陰魂，附著在謝長廷身上，與之同進同退。謝長廷在選舉中表現出瘋狂無靜思態度，完全是受到蘇貞昌廣告辭的潛意識驅使，逼得他濫打馬英九的誠信牌。愈打愈沒有尺寸，沒有方向，失去準頭，也更失去誠信。

謝長廷的競選語言中，最被社會質疑詬病的，是他所謂的「和解共生」。因為他對自己的倡議與承諾，其中最缺乏的又是誠信。他的族群牌愈打愈激烈，回到民進黨的選舉慣性中轉攸，外界看不出他有一丁點的和解誠意，更遑論共生。這一選舉策略，在當下的選舉戰場上，對謝長廷的誠信，不啻是雪上加霜。以上是前選舉階段的解讀。從後選舉階段來解讀，現在時過境遷，選舉已經落幕，然來謝長廷的和解共生，是屬於對陳水扁的輸誠語言。他與陳水扁之間結有心結，已是台灣政壇的公開秘蜜，自謝長廷贏得黨內提名後，陳水扁便一直窮追猛打，直到他接受陳水扁的安排，與蘇真昌和解共生，成為民進黨的競選正副搭當，民進黨的內鬥，才算稍歇。

謝長廷為了挽救自身的誠信危機，不惜捏造，虛擬，污指、製造馬英九的誠信危機。還不惜自我污名化，不入流化，把選民當作是任搓任捏的泥人。他忽略了七八年級生已是成熟的成年人，也正是當今台灣社會，具有高文化智商的一代人，他所熟知的庸奸俗巧，對付現代的新型人類，充分暴露出他的智窮力拙。此次民進黨的選舉失敗，陳水扁的八年貪腐，祇佔比率的百分之五十，另一半輸在謝長廷自身，輸在他不知彼，不知己，更輸在他「不入流」三個字。

抓特務是謝長廷人格特質的澈底暴露，出面確証謝長廷在黨外時期，曾經擔任調查局線民的人，正是當年被調查局指派與謝接頭的連絡人謝某男。因事出突然，沒有足夠時間供謝長廷思考、佈署，匆促間回應社會的質疑，他撒了一個更大的彌天謊。謝長廷對著記者的麥克風，說了一個似真似假的故事：「有一個十人毀謝集團，十年來一直在做著毀滅謝長廷，毀滅台灣的工作，包括當今在位的許多高官，都對此十人集團莫可奈何，因為這些高官都有把柄，被抓在十人集團手中。謝長廷最後警告說，還會有更大的事情發生，待到大事發生，他才會公佈此十人集團名字」這個羅生門故事，一直被 TVBS 電視台全程追擊，直到競選投票前最後一刻，謝長廷終於自食其言，也自食其果。

仔細研讀謝長廷的故事，或許是一個紅樓夢似的真假難辨的故事，他的本意不在否定調查局線民這個角色，而是暗示當時黨外擔任線民的人數，並非謝某一個人，今天還有一個掌控當年線民的集團，正掌控著當今某些踞高位者，都對他們敬若神明，絕不敢對此集團有所作為，原因是大家都有把柄落在十人集團手中，言外之意，也包括我謝長廷在內。這還是謝長廷慣用的四兩撥千斤轉移焦點手法，既是舊瓶，裝的當然也是舊酒，也理所當然不生效果。

謝長廷自己把自己陷入誠信的漩渦中，不能自拔。這說明謝長廷的誠信確實大有問題。否則，他不會自亂陣腳，自造危機。他把誠信提到最高層次，作為選戰的大軸，主要訴求，他卻在誠信上不斷自我失分，其輸也誠信乎。

范跑跑與莊國榮

范跑跑與莊國榮，一個是老師，一個是大學教師，同為師表，同為失卻師道尊嚴。一個教學中棄職先逃，一個為人助選侮蔑對手先人，忘卻人死為尊的古訓。

范跑跑事件，不是一個見人見智的話題，而是一個有明確責任與是非的問題。

當事人最理直氣壯的理由有二，一是法律沒有規定，老師在地震時，對學生生命負有責任。這個理由的成立，祇能在他不執行職務的課餘時間，但地震時，他正在為學生上課，也即是說，他正在執行老師職務，他的落跑是棄職。

不妨看看棄職的後果會是什麼？如果一個部隊指揮官，在戰場上棄職潛逃，致部隊全軍覆沒，他的後果會是什麼？民航客機迫降後着火，機長留下旅客先逃之夭夭，航空公司及該機長的後果會是什麼？看過鐵塔尼號的人，一定還能記得，船長是最後一個離船的人。

范跑跑的第二個理由，沒有地震的經驗。既然做老師的范跑跑沒有，學生們當然也不可能有。但范跑跑與學生們應該有一個共同經驗，校規，一個普世的規定與經驗，上課時間，不得老師的允許，學生不得離開教室。當范跑跑緊急中落跑時，學生們並不知道，生命處於危機時刻，他們沒有体驗過地震的經驗，也未被教育過地震的經驗，他們僅有的經驗是等待老師范跑跑的命令，偏偏范老師未下命令，便落跑先逃，學生們便祇能留在教室中等死了。

范跑跑，還能說自己沒有「責任」。范跑跑的問題，一是沒有責任心，二是沒有責任感，才會那樣大言不慚。按責任心來自人的良知良能，亦即人性的本能，什麼是人之師，曰傳道授業，這裡的道，指的是人格道德的培養，業乃知識技藝的培養，范跑跑今後做什麼都好，就是不能讓其「為人師」，因為他不夠格。

同樣的尺碼放到莊國榮身上，他今後做什麼都好，就是不能讓其「為人師」，因為他也不夠格。俗話說：「一日為師，終身為父。」古代為人師者，非常重視師道與師格，這個一日為師終身為父的訓誡，多指受業者而言。放到今天的社會，這個單向性的法則已轉為雙向的互動關係。學生固然要尊師重道，把老師當作父親來尊敬，做老師更要尊師重道，把自己視作眾生的父親，自尊自重，敦品勵行，否則，枉為人師。

重出江湖

另有一個名詞叫「重操舊業」，都是指退出之後，又重新投入。

報載創業者黃大芃，曾兩度失敗，三度再起，這是個典型的從那裡跌倒，從那裡站起來的範例。當黃大芃第一次跌倒，企圖東山再起，首先想到的不是重操舊業，而是創新品牌，**Orange** 一種帆布包品牌，成功後又一次不慎跌倒。第三次，同樣是不重操舊業，還是從創新品牌出發，**ColorSmith** 一種防水尼龍料彩色包。從設計、選料、製作、品管到銷售，都嚴格應對。黃大芃的成功，是其人格素質的體現，有多姿多彩的一面，更讓人看到嚴謹自律的一面。黃大芃創業的路，也正是許許多多成功台灣企業家走過的路，它是當下台灣文化中的一塊瑰寶，可惜的是它與政治脫節，且愈離愈遠。

台灣的政治文化，講究投機奸詐，巧取豪奪，既無是非之心，亦無羞惡之心。二〇〇八曾有人一度譁眾取寵，高唱政治 CEO。企業家若真被政治引用，不是灰頭土臉打退堂鼓，便是被政治淹滅同流合污，差幸此一叫囂，也僅是選舉語言，口頭便給而已。

記得年輕服兵役時，擔任值星官隨部隊赴屏東參加老蔣總统親校，抵達駐地宿營後，清點人數一個不見，向值星班長查詢，循其手指方向一看，田壠中一棟茅屋，士兵們都聚在那兒等着報到。晚餐桌上傳來茅屋內的花邊新聞，有一老嫗雜在妓女叢內，因無人問津，賣相悽慘，還遭致訕笑。排遣聲中，有人說：「不要錢也不跟她上床」，有人搶着答話：「你出錢我就跟她上床」，爭執間甲方真付了錢，乙方不得不隨老嫗入房。據說普一進房，老嫗饑不擇食地抱住某乙要求行房，某乙掙扎着開門往外竄，老嫗死命抱住不放，某乙哀求道：「錢歸你，讓我出去吧！」老嫗道：「不行，你買我賣，必須銀貨兩訖，這是行規。」某乙道：「你都多大了，還幹這行當。」老嫗哭喪着臉道：「我也是迫不得已，才重操舊業。」

謝長廷正在喧嚷重出江湖，民進黨也正在醞釀幾大天王重出江湖，備戰明年的縣市長大選。社會大眾最想知道的是，謝長廷也好，各大天王也好，這重出江湖賣的是什麼？「創新品牌」還是「重操舊業」。

謝長廷的拔劍再戰

維新館踢館事件，謝長廷大獲全勝，雖有媒體的全程錄影為証，一時輿論譁然。似乎選情將在一夜之間，完全向謝長廷傾斜，馬英九頻於岌岌可危，逼得費鴻泰賭命表態。

雖說「兵不厭詐」，畢竟選舉和作戰不同，選舉正是要體現民主政治的真諦，「公平競爭」。美國民主黨後選人歐巴瑪的太太被雜誌侮蔑，連對手共和黨的後選人都站出來譴責，這就是公平的競爭原則。相對於謝長廷的選戰，唆使一些幫閑者出來揑造、毀謗對方妻孥，竟委稱助選員的行為與本人無關，他忘了他的這些宣傳員，毀損對方的目的是在為他做廣告宣傳。不妨問問黃大玐，其產品宣傳員若因宣傳自製產品而毀傷同業時，其公司及其本人，要不要負法律責任。謝律師的意思，是不是總统候選人已享有準豁免權。其實對別人不公平，也是對自己的不公平，有公平才有人性的尊嚴，惜乎民進黨人就是不能明白這個道理。

謝長廷一再使用詐術，他欺騙的不止是競爭對手，更是作為選舉主人的人民大眾。謝長廷的詐術，助他贏了高雄市長，卻輸掉總统大位。一班人咸信，二〇〇八民進黨之敗，敗在陳水扁的八年執政。事實也不盡然，謝長廷今次所面對的，不是一個高雄市，而是整個台灣。他的技倆，被放到整個台灣的視線下，被徵信，被質疑，被檢驗。他禁不起這麼一而再，再而三的x光照射。他的每一個細胞都被攤到陽光底下，亮給社會大眾觀察，窺探。畢竟真的假不了，假的也真不了，除去陳水扁的負面影響，謝長廷的失落，另一半因素，直指他的奸巧與誠信。他連自設的誠信檢試標準，十人毀謝集團，交的竟是白卷零分，外設的標準，他便更是答非所問了。因此，謝長廷的誠信檢試，不是零分，而是負一百分。

誠信不是學科考試，二〇〇八未能過，下次再重考，它是一輩子的事。謝長廷可以從民進黨中脫穎而出，因為那是一群祇論親疏，不論是非的選民。他要想在全體選民中脫穎而出，必先效法黄大芃，建立自身的品牌，但決不能把它當作權宜之計。謝長廷過往的品牌奸巧，已成為他自己的影子，走到那跟到那，他若不能浴火重生，他也休想重建自己的品牌。

從謝長廷針對踢館事件，檢察官起訴後的語言訴求，不難看出，謝長廷得了便宜還賣乖。察微知鉅，謝長廷的拔劍再起，他向社會兜售的仍舊是「重操舊業」。

李登輝現象

李登輝曾是一名共產黨員，之後又加入國民黨，成為國民黨員，這說明李登輝這個人，既缺乏認知，也缺乏堅持。這樣的人是典型的唯利是圖，投機小人。

語說：「時勢造英雄，英雄造時勢。」李登輝何其幸也，魚與熊掌，兼而得之。中山先生打造的布爾什維克式中國國民黨，因不享年，未成事而逝世。繼起者蔣氏兩代人，把領袖萬歲推崇到極致，全黨黨員祇知唯領袖是從，給李登輝撿了個現成便宜。以黨主席之尊，向國民黨全黨發號施令，莫有敢不遵者，時勢造就了李登輝這個英雄。江南兇案之前，蔣經國企圖延續蔣氏王朝香火，用人唯私，朝中重臣，盡皆愚墨腐朽之徒。官癮大，眼光短，李登輝便是利用此人性弱點，用張三頂李四，用王五頂張三，自己人趕自己人的方法，把蔣經國留下的所謂黨國大老，一個個趕下政治舞台，獨領風騷，這是他的英雄造時勢。

李登輝是歷史上，第一個台灣人的台灣執政者，他的言行不但有示範性，還具有強烈的地方性、本土性。一時之間，風起雲湧，後繼者爭相效尤。從政則爭權奪利，祇爭朝夕。

說話則巧言令色，祇搏掌聲。行事則邀功諉過，祇責別人。李登輝執政長達十二個年頭，加上陳水扁的八年，整整二十年來，政客們莫不沉溺於李登輝現象中，處處看得到李登輝的行為模式，人人都是李登輝的語言模式。李登輝現象，他不祇是台灣本土政治的出頭天，他更是台灣本土政治文化的帶頭人，文化的出頭天。

李登輝不再有光環，不再獨領風騷，但李登輝現象，卻仍然是台灣政壇的一個顯象。因為李登輝身上還揹負著許多負面的社會效益，政權更替後，時不時還得把他從冷凍庫中請出來加溫。最近因涉及拉發葉案，李登輝被訊及他與該案的關係時，李登輝又說了李氏的模式語言，「他不敢，他怕國民黨的軍方。」那像個前國家領導人的語言嗎？李登輝不曾獨領風騷也就罷了，他曾叱吒台灣政壇十二年，他連中華民國的憲法都敢改、能改，還有什麼是他不敢的，不能的。他這麼一竿子推得一乾二淨，這麼不入流的語言心態，說明他的政治擔當，政治道德，是多麼地醜陋，鄙薄。

李登輝的政格

台灣的政治人物，李登輝是個中翹楚，超級人才，集敗德之大成者。

李登輝在二〇〇〇年領導人選舉起跑階段，他雖不競選，卻十分賣力。當年的宋楚瑜是最紅牌的競爭者，李登輝為要擊倒宋楚瑜，掀出他與宋楚瑜的共構結構興票案，一頭栽到癡愚的宋楚玉身上。李登輝用「說明白，講清楚」來作為對宋楚瑜人身攻擊訴求。這正是李登輝要混淆視聽，企圖藉虛飾性語言，來模糊事實真象，達到李登輝「說不明白，講不清楚」的目的。

「說明白，講清楚」不符合法律語言學的邏輯，因其內容上充滿隨意性與自由心証。如兩造對簿公堂，法官別開「証據」不用，任由兩造自由辯論，在各自表述，各執一辭的情形下，事實真象便永遠也「說不明白，講不清楚」。

如李登輝的本意，真是要發掘真象，為什麼不讓「証據」出來說話哩！這比「說明白，講清楚」更符合法治的功能與要求，也更符合民主的精神，與公平的原則。一個政府的領導人，不從社會的長遠利益著眼，祇圖一已之私，逞一時之快，從不講當擔與格調，其人之政治作為何其痞薄與低俗。

台灣漁民在釣魚台海域遭受日艦欺凌，已二十年於茲。帶領台灣人民走向台獨不歸路的摩西李登輝，他於二〇〇二年九月二十四日，回顧他執政時，有關台日間釣島糾紛，他曾有過認知與口述：「釣魚台是日本領土，當蘇澳漁民騷擾時，我命令出動軍艦阻止抗議。」從李登輝說話的時空背景，以及自負的語氣來觀察，他對自己的行為，仍充滿了驕傲、自信、自得的神氣，至今為止，仍不改其志，從未想過這是台奸賣台的罪惡行為。台灣人也未因李登輝的賣台，而罪之責之，令人費解。

李登輝的言行反覆，亦如其人格的反覆，一則說「說了三百次反台獨」，再則說「主張台獨制憲」，三則說「台獨是危險過時的」。這些話李登輝可能已不復記憶，但都入了歷史資料庫紀錄在卷，由於本土化與出頭天，李登輝已成為今日台灣的政客樣榜，具有典範兼指導作用。

李登輝的本土化统治術與统治文化，正如同開着賓士轎車，向外吐檳榔渣的文化，它對台灣後世子孫的影響，及對台灣民主的建設，証諸民進黨的八年執政，祇見其「禍」而不見其「福」。

李登輝的怨懟

剛披藍衫官服的賴幸媛，突被其娘家人百般挑剔，喊話，搞得局外人一頭霧水。賴女士既未賣主求榮，台聯用得着這麼興師伐罪，拆穿了，原來是台聯大老李登輝心有不爽。

台灣的政治人物中，李登輝確屬投機取巧中的翹楚，有位達人說他在二〇〇八馬英九大獲全勝後，立即發表謬論，為自己的台獨色彩褪色。一方面向馬英九的兩岸政策表態，一方面將政治目光從東向轉為西向，早已有所期待。

賴幸媛出任馬政府陸委會主委，咸信曾獲得李登輝的苟同。陸委會為一主管兩岸政策的機關，執行機關為其下屬的海基會，一民營官辦機構。賴幸媛既主管兩岸政策，對兩岸事務當然享有擘劃尊俎的權力，二〇〇八北京主辦奧運盛會，近百國家元首競相參與，凡被邀參與者，等於上了世界名人榜，李登輝是個好名更勝於好利者，國際間四年一度的頭等大事，豈能缺席。在中國以外的世界舉辦奧運，無緣與會也就罷了，第一，非邦交國，第二，無論規模與氣勢，都非今次可比。且又逢兩岸鮮凍之始，估計對方對我方政壇，應會加緊攏絡。況李某人曾是中共台灣地下黨員，向來給自己定位，台灣政治人物中的頭家，各門各派都得向自己拜山頭，以二〇〇八大選而論，選前無論馬英九、謝長廷都得趨奉。李某人雖未直接為馬英九加持，但也未扯後腿，台聯有人出來相挺，事前未予阻止，事後更未予訾評，李某的沉默對當事人就是金，馬英九怎能不領情，不報恩。

李登輝接受媒體訪問時，曾誇言政治的歸政治，體育的歸體育，大陸若邀請，他一定會去。此一時也，他心目中中國一定會邀請他，他率先擱下承諾。有人質疑，他若到北京面對媒體時，將如何回應他過去的台獨主張？有人為他擬了一份簡短申明：「本人李登輝曾經是一名忠誠的共產黨員，為了較好地保存黨的實力，暫時歸順了國民黨，以身在國民黨心在中國共產黨的愚忠，以扮猪吃老虎的偽裝，為黨做整垮國民黨的工作，當本人接掌國民黨政權並兼任黨主席，便在三數年間，散盡國民黨資財，趕盡殺絕國民黨人才，把它搞得四分五裂，叫它永世不得翻身，危害本黨（中國共產黨），（陰笑）謝謝大家。」

總之，向賴幸媛發難，怨懟的對象並非其人而是馬英九。連李登輝的宿敵，親民黨主席宋楚瑜，都在北京奧運開幕式上爭得一席之地，獨李某人被擱在冷凍庫裡納涼，這簡直是欺人太甚，這張老臉往那裡放，豈有此理，孰可忍孰不可忍。馬英九非我族類，雖不能直達上聽，也不可緘默無聲，因此，賴幸媛成了箭靶。

鳥籠政治

早年台北市圓山動物園，有個養鳥的地方，裡面有花有草，有池塘樹木，儼然是一座人造鳥兒天堂。唯一不同的是，上面罩著一張鐵絲網，鳥兒生活在裡面，雖也自由自在，總懷著不能一飛沖天之憾。

台灣的政治正是這種鳥籠式的政治，罩在上面的不是鐵絲網，而是一張無形的政治網，網口上還繫著一根收網的繩。每個當政者都爭著衝破這道無形的網，以實現直衝霄漢的宿願。蔣介石總統欲飛的方向是中國大陸，重拾失去的政權。蔣經國似乎沒有著意高飛，也許是因糖尿病斲傷了他的志氣吧。最想破網而出的是李登輝，他認為自己是一隻大鵬，蓄鳶飛九天之志。他在網裡面著意經營，鼓動鳥氣，激蕩起一股衝天的「自主意識」。於是他摸索著從網口擠身出來，拾起網口邊的鎮口網繩，把它繫到自己的腳脛上，那意思無非是，他李登輝飛到那裡，台灣都在他李登輝的腳底下。他飛得愈高，網口便收得愈緊。當他第一次外飛美國康乃爾大學時，曾不輕不重地，被他腳脛上的網繩絆了一跤。他指天罵地的對象，正是他繫在腳脛上的那根鎖口網繩，以及那張無形的政治網。

待李登輝推出「特殊國與國的關係」，欲待破網騰飛時，因過分得意的緣故，衝飛時又不知輕重，用力過猛，一下子把個網口鎖得死死地，畢竟他年老血衰，不但飛不起來，自已反被繩子的反拉力，從半天雲裡扯將下來，跌了個臉腫鼻青，頭昏腦脹，待他清醒過來，他才發現，原來自已祇是一隻「笨鳥」。

局外二李

中國的古訓，讀書人做人行事，要懂得愛惜羽毛。翻譯成白話，就是要珍惜自己的人格和聲譽，要知所進退，有所為有所不為。

二〇〇八年台灣的大選，兩位候選人馬英九與謝長廷，單從格調上論高低，謝長廷是不及格的。若社會要提昇台灣的民主層次，必需從競選的格調提昇做起，一個不及格的競選者，理所當然地不會成為一個及格的領導人。前車之鑑的領導人，已經告訴人們，這是個鐵的事實，不容爭辯。

謝長廷以一名曾經長期在職的法律人，執業律師，而妄言誤導。大陸台商返台投票，謝揚言係中共的走路工，周美青哈佛期間竟偷盜圖書館報紙。這些無的放失，提不出証據，純屬揑造，帶有誹謗性的人身攻擊。都已觸犯台灣現行法制的刑事法，更違反民主選舉的法制原則。如果其人一非法律人，其次僅是競選地方性之民意代表，有上述不符民主選舉的言行，尚能令人理解。因台灣的民主尚在初級階段，不入流不及格的競選在所難免。但理解不等於認同，該付諸法治者，必須依法懲治，這是令民主政治走上正軌的唯一途徑，否則，劃虎不成反類犬，一如今次的總統大選，其不入流的程度，賽過二〇〇四的兩顆子彈。

不可否認的，今天的台灣，每遇選舉，法律便被空置，還得向選舉讓路。選舉語言不祇是反法制化，更是內容與表達的惡質化。每次看到謝長廷面對媒體時的形象，便會替他著急，聲嘶力竭，目眥欲裂。當他企圖用惡毒語言醜化對手時，實際的效果，是反過來醜化了他自己。六〇年代以前出生的選民，也許習慣了民進黨的黨式選舉語言，因其習慣，所以習以為常。但六〇年代以後出生的選民，他們沒有威權社會的生存經驗，缺乏感同身受的感情。因此，他們對謝長廷的黨式語言，以及欲待構建的語境，難以理解，同時也難以接受。時間改變了台灣的部份選舉文化，卻沒能改變台灣的政客文化，這是二〇〇八今次選舉最突顯的尖銳矛盾，朔自立法委員的換屆選舉，及至總統大選，敗選者都是在同一個文化區域內，馬失前蹄。

語說「當局者迷」，謝長廷看不到立委選舉，民進黨失敗的文化脫節現象，因其政客的得失心理，難以擺脫舊規窠臼的慣性思維。李登輝李遠哲也看不出其中的竅門，猶自飛蛾撲火，湧身而入，為的是理想抑或是野心。

李登輝不可能有野心，他曾經獨領風騷十二年，面對台灣共和國之父的桂冠，就像面對夜空中的北極星，遙不可及。一句兩國論，幾乎沒弄到粉身碎骨。後繼者比自己更不成氣候，號稱台灣之子的陳水扁，李登輝不遺餘力的扶持他，八年執政，竟繳了白卷。他還能指望把理想寄托到奸巧的謝長廷身上嗎？既不為理想，到底為了什麼呢？唯一能解釋的是不甘寂寞，受不了門前冷落車馬稀的殘酷現實，那怕是幾分鐘媒體前的曝光機會，也要抓住不放。

李遠哲更不可能有野心，不妨以菩薩心來猜測，他是以我不入地獄誰入地獄的救贖精神，來為綠色理想延續香火。亦如二〇〇四年最後關頭，他挺身而出擁扁，他藉助的當然是諾貝爾獎得主光環，致於效果囉，莫測高深。不反對任何人擁有理想，不敢苟同的是用「劃餅」來充當理想，愚人亦復自愚。李遠哲如此輕率為理想加持，用心確屬良苦，令人同情，但不可原諒。更加出格的是，他曾宣稱：「選舉承諾不必兌現」，其出格言行，嘆觀止矣！

推舉一個人，首先要考察被推舉者的格調，縱或不能要求所有候選人的格調等量齊觀，但也不能不及格。讀書人為學求知，目的不是做高官，享厚祿，而是變化氣質，明辨是非。二李如果默默地投下自己的一票，予他們推舉者，不會有人為之爭議，因其越出了讀書人的自律原則，他們的 **SEL-CONTROL** 是不及格的。

「去中國化」與綠化

綠色運動已有數十年歷史，在沒有取得台灣政權之前，綠色人曾經躊躇滿志，令人納悶的是，為什麼以綠色為黨綱的民進黨，在取得政權之後，卻反而趑趄不前，不敢明目張膽地宣佈綠色建國，或台灣人民已經站起來了呢？疑問雖有，但也不難破解。即綠色的主題訴求，還缺乏正當性，它連台灣島內的主流民意都爭取不到，遑論國際間的同情與支持了。倒是李登輝提出的「去中國化」訴求，比之過去綠色人提出的「我不是中國人」訴求，具有可行性甚高的實質創意。茲就李登輝觀點，獻一得之愚。

李登輝的綠色有兩大訴求，一是「去中國化」，一是「本土化」。惜乎李氏的創意有餘，成事不足，缺乏落實的政策與內容，終究是空談誤「綠」。按本土化才是綠化的唯一出路，也祇有本土化才能去中國化。從國際法的觀點看，唯有本土化了的台灣，才能向國際社會提出主權主張。故去中國化是為本土化的一個過程，真正能成為綠色主權主張的，唯本土化莫屬。

這裡首先要澄清的是本土化的涵義，所謂本土化，決不是時下綠色人所標榜的「大閩南化」，理由在閩南也好、客家也好、他們都是百分之百的「中國化」純種，拿百分之百的中國化去跟中國談台灣的歸屬，慢說中國人不會同意，即便是那些被派往充當談判代表的閩客人，自已心中也會心虛，理既直不起來，氣便更壯不起來了。這便是為什麼以綠色為號召的民進黨，執政之後，絕口不敢談綠色，連與中國談三通都畏首畏尾。故本文的本土化應是「高山族化」，因為，祇有高山族才是台灣的真正主人，正主子不出面，讓一些雀巢鳩佔的人來李代桃僵，當然成不了大事。這麼說，並非是有意詆毀綠色人不明究裡，而是他們太過一廂情願，把不承認自已是中國人當作「本土化」，企圖用這麼簡單的邏輯來瞞天過海，別說中國人不予認同，就連張開羽翼保護台灣的美國人，也不予認同，這是個綠色大盲點，凡綠色人不可不知。

李登輝所提的去中國化太過粗糙，也祇是另類一廂情願而已。他的去中國化內涵，無非是撕掉一些標籤，對那些具有本質性的中國化內容，他卻視而未見。這裡所要談的去中國化，正是從本質性的問題著手，淨化台灣，不讓台灣帶一丁點兒外來色彩。台灣要去掉的外來文化與外來血統，還不止是去中國化，早期的荷蘭化，日本化，近期的美國化。這些個外來文化，如不能澈底地被掃地出門，排出台灣，台灣便不是一個純淨獨立的台灣，台灣也就不用想綠化。

中國人為什麼要對台灣提出主權主張呢？他們又有什麼權利對台灣提出主權主張呢？

就因為住在台灣島上的絕對多數人，都是中國人。在過去的三百餘年中，除了被日本人佔據五十年，台灣一直是中國的領土。如果中國不領有台灣的領土主權，設府設縣，派兵駐防，那些早期從福建廣東來的中國移民，他們又有什麼權利，把原本是台灣主人的高山族，趕上山去做野人，而自己卻雀巢鳩佔，做了台灣的主人呢？故台灣的中國人，幾百年來，能在台灣島上縱橫捭闔，依仗的便是中國這個靠山，亦如陳水扁頌揚美國是當今台灣的靠山一樣，祇是美國還不曾領有台灣的領土主權，迄今為止，全世界百分之九十以上的國家，都曾宣示，承認中國是這塊土地的領主。若然三百年前，世界已是今天這個格局，那台灣的高山族人，早把那些自稱不是中國人的綠色人的祖先，趕下海去了。自稱不是中國人的綠色人，倒不是什麼數典忘祖。正因為他們深知自己身上流的是中國人的血，要把台灣這塊土地從中國版圖中割裂出去，潛意識中還存著良知，還有罪惡感，為了去除心賊，祇好不承認自己是中國人，設想雖愚，但卻可以理解與同情。

「去中國化」是為了達到「本土化」目的的一個過程，在此過程中，要做的事是很多的，此處紙短情長，祇能舉其犖犖大者。

第一：建立台灣的語言文字，台灣島上現存的語言，除了高山族語，所有漢語發音的語言，閩南話、客家話、國語，都是中國語系中的一支，百分之百的外來語系。文字就更不用說了，由文字引伸的各類文化遺產，就更與本土化風馬牛，沒一絲一毫關聯。正本清源，祇有將高山族語言加以規範化、標準化、符號化，才能是本土化的語言文字，不能說本土化語言的人，不被授予未來台灣共和國公民資格。

第二：歷史文化，今後台灣的歷史，應是高山族史，加一些外來移民史，高山族史是主，移民史是輔，其中的主從關係，決不可顛倒。此外，那個象徵中國數千年文化積澱的外雙溪故宮博物院，理應立即還給中國人，她是「去中國化」的腹心之患，何況她原本是中國人的遺產。

第三：典章制度，李登輝曾說，台灣的憲法已不適應今天的台灣，不適應台灣的何止是憲法，凡由憲法衍生的法律與規章，都是外來文化的產物。以立法院為例，台灣的真正主人高山族，所佔比率少得可憐，外來移民反客為主，反成了立法院的多數，故憲法的本土化，最是刻不容緩。無容置疑，繼憲法本土化之後，其他如民刑法律及政府組織法，也都必須本土化。那麼，與這些法典有關的人，是不是也應本土化呢？這個自然，執法的檢察官、審判官及憲警，都須要重新檢覈及訓練，律師得重新予以甄試，合格得頒予執照，相關的公務人員，也不得不重新予以甄選訓練。富於幻想的李登輝，他做夢都不會想到，由於他的一時心血來潮，空話大說，當做起來時，竟是要滅絕所有的現存文化基因，重頭做起，否則便不能稱之為「去中國化」與「本土化」。

第四：移風易俗，風俗習慣乃民族構成的要素之一，台灣所有的風俗習慣都是漢民族的，要爭取圓夢，總得有所犧牲，若自己連風俗習慣都割捨不下，卻要中國人把台灣割讓出來，讓給綠色人來享受權勢，人家能答應嗎？割捨風俗習慣的目的，在証明台灣人與中國人沒有臍帶關係，最能証明與中國人沒有臍帶關係的，便是台灣的人都是高山族人，如果全台灣的人都說高山族語言，與高山族同風同俗，除了使用DNA，有誰敢說，現今居住在台灣島上的人，不是高山族人而是中國人。

第五：宗教信仰，西方人把宗教信仰看得非常重要，台灣島上除了天主教、基督教、佛教、道教、回教，與宗教有著同類性質的民間神祉，還有媽祖與文朱公，她們的信眾之多，祇怕超過天主教與基督教的總和，這些純漢民族的神祉，祇被漢民族崇奉的信仰，更具有狹隘的民族特徵，如不除之去之，如何向世人說明，我們不是中國人，又如何能被高山族認同。那種披著綠色外衣，卻背負著漢民族的文化靈魂，宣稱不是中國人的人，他們的居心，並非綠化，而是綠台，獨攬台灣的權勢與資源。

第六：最高領導人的初期選拔，必須是百分之百的高山族純種，才能向國際証明台灣的本土化，才能向中國人提主權主張，這是當今綠色野心家最難以苟同，但又不能不認同的要命招數。

總之，去中國化是手段，本土化才是目的。本土化的工作，可謂千頭萬緒，任既重，道亦遠，上述數端，不過千萬中之一，歸根結蒂，本土化即高山族化，祇有以高山族為主體的民族訴求，才能獲得世人的同情與支持，台灣的綠色運動也才會見到曙光。

一個非女性屬類的女性

若想為女性分類，粗略的分，可以分為下列的幾類，溫柔型、艷麗型、清秀型、虛榮型、貴婦型、強人型……等等。未來台灣的第一夫人，都不屬於上述類型。或許有人認為可以把她歸類為強人型，因為她的工作能力強，能夠獨當一面，擔負門部工作。現代女性中工作能力強的人多得很，女強人並非單指工作能力強，而是在她身上隱隱地散發出一股逼人的氣勢，有能力的男性不敢惹她，沒能力的男性惹不起她，周美青身上沒有，所以她不是。

周美青為夫婿拉票，見人就一鞠躬，一幅童養媳姿態，阿婆衫們抓住她愛不釋手，好媳婦的美名不脛而走。有人擔心她鞠躬太多，腰脽會出問題，她仍堅持如故，真正是嫁雞像雞，周美青也感染上了騾子脾氣。

夫婿勝選後的周美青，有人尊稱她馬夫人，她立即為自己正名，我是周美青。不錯，她是周美青，同時也是馬夫人，除非命夫婿退出官場，這馬夫人的頭銜，還真是難以擺脫。

周美青不想做馬夫人，這與她的獨立人格有關，不想沾妻以夫為貴的光，這是多少女性求之不能得的光彩，周美青卻棄如蔽屣，人最難跨過的就是「名利」關，其人之異於族類，勝過多少聖賢豪傑。

周美青引起社會爭議的，是她堅持不放棄現有的工作，去作專職的馬夫人。一個長期在職場工作的人，要她放棄現有的工作，去做屋裡人，別說是周美青其人的性格，就是一般職場工作者，短期內也很難適應。現在的周美青還祇是準第一夫人，出入就有數名隨扈跟蹤護駕，走在路上，帶著一長串制服跟隨，即令旁人不側目，自己也會覺得彆扭，終有一天她會放棄堅持，回總統官邸做官夫人。

周美青愛著牛仔褲，有人擔心她國事訪問或接見外賓，也穿著牛仔褲，如真有那檔子事發生，金氏紀錄一定會搶先登錄。為什麼周美青會招來如許多的關愛眼光，她不是那種走在路上，會有人跟蹤的女性。她的媚力在那，清新、脫俗。社會對著八年來，不斷引發爭議的庸脂俗粉，已忍無可忍地成了眼中刺，如今看到周美青的別具一格，當然會眼睛一亮，如撥雲見日，何其靚也。

為什麼說周美青是非女性屬類的女性，從她身上看不到女性的俗，愛美是一般女性都有的屬性，周美青沒有。人們看到的周美青，就是原本未經包裝過的周美青。從她為夫婿助選拜票，現身電視錄影機前那一刻開始，到她乘公車重回辦公室為止，看不到她臉上的脂粉跡痕，圍繞在她身邊的護衛們，一定也嗅不到她身上的脂粉香。台北市面上那些專門為女性而設的名牌公司，若女性們發起向周美青追風，都得關門大吉。

社會就是這樣，有關愛的眼光，就少不了有憎惡的眼光。周美青工作的單位是銀行，還似乎是一爿公營銀行，為她招來不少是非。綠色的眼光，直指她將有圖利之嫌，中間色的眼光，也認為瓜田李下，應撇嫌疑，雖說是好心美意，也帶著不信任的猜忌。前者是以人同此心，心同此理的邏輯，認定周美青將來一定會幹壞事，與某人戴同一級別的桂冠，某人能幹的事，你周美青一定也會幹，某人那麼貪，你周美青會不貪嗎。後者也是以預設值的心態，認定周美青屆時會把持不住，臨淵失足。這兩種人，都是非健康心態的人，如若深究，將糾纏不清，周美青自己都不在意，外人又何必作杞人之憂。

宋楚瑜——一個被遺忘的人

司馬徽評曹操，說他是「治世的能臣，亂世的奸雄。」宋楚瑜與李登輝各取其半。二〇〇〇年，李登輝毀宋時，宋如果不秉持人倫道德，抱殘守缺，在第一時間向李登輝發起反撲，李根本不可能得逞。宋楚玉身任黨主席李登輝的秘書長，宋楚瑜衹需作事實告白，便能贏得社會的諒解與信任。他不此圖，面對李登輝的誤導，社會的誤信，吱唔其辭，冀與李登輝重拾舊歡，其癡愚不智，枉為政治人。

「李登輝是黨主席，錢從那裡來，衹有李自己知道，如何存，用什麼人名字存，存什麼國家，什麼銀行，如何支，付給誰，都是李在發號司令，這向來是國民黨的黨文化，世所共知，不是秘密，李的企圖很明顯，他這麼違反政治倫理，出乎常情地反噬宋某人，他不愧曾經是共產黨員，熟知共產黨的鬥爭術，他如此處心積慮，無非是要將宋某人鬥倒鬥臭。」一席話，向社會澄清李的動機與目的，也澄清了自身的清白與無辜，宋的失算，不啻將自己從政治頂峯，拉向穀底，不禁為他可惜。

宋楚瑜是當今台灣政壇上，唯一碩果僅存的能臣，振衰起弊的社稷人物。馬英九標榜用人唯才，不分黨派，唯獨對宋楚玉這顆遺珠不用，真為其人可惜。做領袖，不可事必躬親，唯必須識人、知人、善用，這是古往今來，領導者成功的不二法門。

從公眾的角度觀察，宋楚瑜出任馬政府行政院長，最符馬英九的利益。第一，體現了馬的用人唯才承諾。第二，宋的行政經驗豐富，行政資源曾往下紮根，厚植個人人望，由他主政，人民對他有不可動搖的信心。第三，他心胸開濶，省長任內，各縣市中央補助款分配，不分藍綠，力求公平、公正，贏得不分藍綠的擁戴。第四，地毯似的基層人脈，使他在政令釋疑及推行上，較易取得基層人民的信任，即使稍有舛錯，也較易獲得基層人民的諒解，將抗爭消彌於無形。第五，因其熟透地方民情，在經濟復甦計劃時，其內容一定具針對性與個別性，絕不會趨於籠統或泛形式化。第六，宋培植出一支精幹的行政隊伍，效力高、責任心重，默契已至妙處，這可能是馬最忌憚的，但衡量當下臺灣局勢的輕重，用之則成，否之則敗。第七，宋幹才練達並不傲上，若非他秉尊倫理，守份持常，他不會敗在李登輝的蓄謀之下。第八，宋工作積極進取，那裡出問題，那裡解決問題，決不坐視等待問題。第九，宋曾任新聞局長，國際視野廣濶，具樽俎經驗。兩岸關係，亦非吳下阿蒙。第十，從興票案看宋之操守，清白而無辜，否則，李登輝豈肯饒他。

今天，馬總統面對陳水扁留下的百孔千瘡殘局，正是人才孔急之時。從國家前途，人民利益，百分之百應該用人唯才，馬總統不用遺珠宋楚瑜，所為何來？

中國知識份子的悲劇性格（兼弔柏楊）

作為中國的知識份子，他必然要背負文化的使命感，中國文化中的儒家文化，是造就中國獨裁專制政治的文化母體。不幸的是，中國的知識份子，又都是被儒家文化所沫浴濡化的社會精英，他們很少對這個文化本體產生質疑，因為，他們本身便是此文化的執行者和代言人。直到近現代受到西方民主文化的衝擊，中國知識份子才開始以質疑的態度，質疑中國文化的時代性和適應性。

質疑的結果，便產生出理想與行為的極端矛盾。一種思想上理性——崇尚西方民主，行為上保守——東方的儒家模式，上述矛盾，一直是近現代中國知識份子不自覺的文化現象。無論是中國國民黨的革命，或中國共產黨的革命，以及八年前民進黨的和平演變，都不能超脫這個文化矛盾模式。

個體的集合成為集體，中國國民黨、中國共產黨、台灣民進黨都屬於知識份子的集合體。有人說，集體的文化矛盾模式，與中國知識份子的個體文化模式無關，不能混為一談。

問題在，個體若不認同集體，他便不會走進集體成為集體中的一份子。語說「眾志成城」，正是因為個體文化模式相同的個體的集合，才能造就出此文化集體。

名作家柏楊死了，他沒死在醬缸裡，卻是帶著一身醬味死的。他以「醬缸哲學」批判中國文化成名，他批判的針對性，主要是儒家文化。柏楊的批判年代，正是國民黨的威權執政年代，當時的「醬缸」，正是國民黨。政治乃文化的實際演練，中國的醬缸文化，必然會出現醬缸政治，更不幸的是，當代台灣民進黨的精英，都是台灣光復後國民黨的醬缸文化所培養出來的。當台灣的執政者，由國民黨換上民進黨，民進黨的執政文化，與當年國民黨的執政文化，正是九十步笑一百步。也就是說，今天台灣的政治，由國民黨的醬缸，換上了民進黨的醬缸，其為醬缸則一也。

令人不敢相信的是，柏楊由醬缸的批判者，一變而成為醬缸的擁護者。昨天還站在醬缸外指手劃腳，大聲疾呼，放言高論。隔天，自己竟也躍進醬缸裹，甘願與「醬」為伍，變成一堆醬。想當年，柏楊被國民黨的政治醬缸逮捕，曾激起全社會的不平。曾幾何時，同一個柏楊，又沉溺於民進黨的政治醬缸中做官，更激起全社會的不恥。一個人能激起全社會的兩極反應，這正說明其人的文化屬性——悲劇性。

中國知識份子的銘言是「餓死事小，失節事大。」柏楊的失節，或者說柏楊的悲劇，不在於他做了民進黨的官，而在於他未能守住自己的「方寸」，他做了自己「方寸」的叛徒。

中國近百年的民主運動，也是中國知識份子的文化運動，也正因著中國知識份子的這個文化悲劇性，才導至了中國民主運動的悲劇，中國民主的遲滯不前，中國知識份子能辭其咎嗎。

台灣的高鐵

第一次從台北到高雄乘高鐵，純粹是為滿足好奇，急著想嘗試一下三百公里時速，是個什麼滋味。高鐵的車速增加了，想不到的是，它的平穩度也跟著增加了。如果躺在座椅裡閉目養神，則什麼感覺也沒有，比坐飛機還要舒服，飛機常常會碰上氣流，一如汽車行駛在凹凸不平的道路上，把人巔簸得七葷八素。

高鐵的服務，套句台灣的流行話，設計者非常有創意。打從硬體設施開始，已在為軟體設施做安排，其效果足以使人感到溫馨與貼心。上了年紀的人，全身最弱的環節是腿，酸軟乏力，難以行遠，更難以行速，上下車成了問題。別擔心，高鐵為你想到了解決之道，在每個站的第七節車廂位置，專為老年人裝設了一部昇降式電梯，從購票大廳直達七號車廂月台，走出電梯便是登車門，夠貼心吧！也夠暖人心吧！

早年台灣合法買半票的人，不是軍人便是警察，因為他們的待遇低。現在不同了，輪到老年人來享此優惠了。老年人進出站台優先使用昇降式電梯，直達月台或由月台直達車站大廳，取其安全省時。車廂內部照明度適中，座椅寬敞舒適，後座與前座間的距離，較之遠程航空器經濟艙還要寬闊。車行途中視界是最重要的，乘客除了從甲地到乙地的旅行目的，賞景應該是主要目的之外的另一個目的，因為視界遼闊，坐在車廂內看車外風景，雖車行迅速，沒有一閃而過的感覺，可以飽覽無遺。最靚麗搶眼的，是列車上的工作人員，個個高挑身材，見人便綻放出青春活潑笑容，親切、端莊。一身橘紅色制服，更凸顯出青年人的青春活力，足証台灣高鐵管理部門，思維細密，富有時代感。那怕是極小的一個動作，都極見匠心。乘客在車廂內飲食，剩下的殘餘和包裝，車上設有專人及專用收容的容器，為乘客收拾善後。同樣是一位著橘紅色制服女郎，推著一部小手推車，車上裝置著一個黑色廂型小布袋，每走到待收拾殘餘物資的乘客之旁，便輕輕揭開廂型布蓋，伺乘客處理完後，復將蓋蓋上。動作輕盈優雅，因黑色與橘紅對比強烈，當人車臨近時，眼前便突然一亮，不自覺地會拾起面前的殘渣，等待處理，一種無聲的互動，默默地交融。

高鐵還有使人更窩心的，第二次乘高鐵去高雄，買的是當日來回票，不小心把左腳大拇指撞裂了，事後據醫生說，腳指甲祇有大拇指有神經，理所當然會產生痛感。上車後座位正好排在三人座的第一名，乘客稀少，一個人佔有三個座位。為減輕因血液下墜增加傷處疼痛，便把左腿平放在座椅上，傷處立即被車廂工作人員發現，親切探詢病情，返身送上一些車上能夠提供的醫療用品，並說明已報告車長。也是一位年青女性，著黑色套裝，先察看傷處，說：「很抱歉，車上沒有器材和醫務人員，不過已通知台北車站，抵站後會派遣醫務人員為您處理傷口。」果不然，走出車廂便被白衣天使迎往她的醫務室，一邊療傷，一邊話家常，因其熟練俐落，很快便處理完畢，臨走時問了她的姓名，可惜年紀大了，轉眼間便雲消霧散，忘得一乾二淨，但高鐵的溫馨，至今尚暖人心。

從高鐵看到了台灣新一代管理者的素養與職業認知，他們深切地認識到他們所從事行業的核心價值，並把這種價值發揮得淋漓盡致。看得出所有高鐵的軟硬設施，都經過精心週詳的計劃。高鐵的員工，都經過良好的訓練，他（她）們都知道該做什麼，該怎麼做。更重要的是，每個人都具有一份敬業精神，表現出超高的人文素質。

相對於台灣的政治人物，立法委員不願參加院會，於國家利益，全民托付，漠不關心，祇顧經營地方，這種人既不專業，也不敬業，表現出超低的人文素養，反差又是何等的強烈。

台灣的摩托文化

摩托車是什麼人發明的，不重要，本文不在討論摩托車歷史。有多少種摩托車，也不重要，因無關乎摩托車的分類，旨在說明一種文化景觀。

台灣摩托車所呈現的文化景觀，是一種「爭」的文化景觀，爭時間、爭空間。君不見所有行駛中的摩托車，無一不是見縫插針，停止中的摩托車，同樣是見縫插針，把「爭」的文化爭到了一個史無前例的高峯。

首先，讓人們來看一看，創造這一景觀的人文素質。從性別分，有男有女，從行為分。有霸氣型，行車所至，當「人」不讓，他或她的行駛與停放，沒有交通法和禁制區的限制，一派唯我獨尊的氣概。另有一種勇士型，這類人多半年輕有衝勁，在「爭」字後面還要加個「勇」字，他們行車倘見驚險，常常在看來不可能的時空中，他卻可能地搶着先鞭，有驚無險地奪路先行。女騎士們比較温柔守法，無如摩托車有一種天生的野性，當它從正前方對着你衝來，或從身後夾雷霆萬鈞之勢趨近，仍免不了令人有怕怕的感覺。

台北市的騎樓，原本是一種令人欽羨的人文景觀，台灣地窄人稠，騎樓可以充分發揮土地的利用價值，在讓出的人行道上，允許覆蓋房屋，既不空置那些可資利用的土地，又可為行人創造出遮陽避雨的便利通道，既符合人道主義精神，又提高了經濟利益。

亞熱帶的台灣，氣温高，日照光線強烈，行人若長時間暴露在陽光下，輕則汗流浹背，重則中暑。有了騎樓，晴天為行人遮擋陽光，風雨天可以為行人遮風避雨，實是一個方便行人，又節約土地的好方法。今天的騎樓，早已失去了便利行人的設想，成為摩托車的棲息之地。它們像柵欄一樣緊密地連結在一起，不留絲毫餘地，別說行人不能穿越，就是有縮身術的動物，也別想穿越。走在騎樓底下，已失去了早年那種優遊自在的寬闊閒心，因為騎樓的空間縮小了，小到祇容一人通過。

騎樓不止是行人的通道，也是一種寬容雅量的象徵，行走在騎樓底下，使人倍感親切。早年人道主義的騎樓，已成為侵犯人權的騎樓。騎樓已被雀巢鳩佔，成為摩托的合法佔領區，事變還不止於此，那騎樓下未被佔領的僅容一人通過的空間，摩托騎士還得理不饒人地恣意出入。摩托車的停放方向，車頭不是從街道的方向進入騎樓，而是騎進騎樓後，朝向街道的方向停放。再用車時，勢必從騎樓留下的狹窄空間中抽身，如果是推着摩托車離開騎樓，尚不失為有君子風度。問題就出在這裡，騎士們對費力費時的推車離開騎樓，都不感興趣，跨上車發動引擎騎出騎樓，最為省事省時。如果遇上行人擋在他們的行進路上，立即會引起他們的反感，便會即興式地以加空油方式，表現出一種惡作劇報復加催逼，全不顧前進中行人的悚懼與驚恐。

行人已失去免於恐懼的自由，當在巷道中行進時，無論是看到前方或聽到後方來車，都會引起一陣驚悸。有人被摩托車撞成重傷，肇事者不但沒有責任心，就連惻隱之心一點也沒有，肇事之後，揚長而去。某次從騎樓的後方街口進入騎樓，尚未來得及向欲待轉入的騎樓內察看，突然從騎樓內高速衝出一輛摩托車，衹差十公分，幾乎被它撞個正着，這是從經驗中得來的教訓，絕不是誇張或聳人聽聞。

台北市摩托車的數量與景觀，可能是經濟奇蹟之後的另一個奇蹟，更或許是經濟奇蹟創造出的另一個奇蹟，足可申請金氏世界紀錄。總之，摩托車成為台北市的一大奇觀，則是一不爭的事實。有幸曾在愛國東路、杭州南路口交滙處，飽覽台北市的摩托奇景。

交通指揮燈的紅燈方向正指向愛國東路，時間將近一分鐘，從中山南路方向駛來的摩托車，似狼群般逐漸麇集，約百數十輛，聲響嘈雜有如狼嘶，一種不安分的煩燥，在狼群中騷動，你推我擠，蠢蠢欲動。綠燈一亮，就如餓狼看到獵物一樣，又如聽到衝鋒號角的騎士，真是萬馬奔騰，勇往直前，那種視死如歸的勇邁氣慨，觀之令人肅然。

在台北坐公車，原是一種一舉兩得的選擇，既利於行又免於驚，不被摩托車騷擾。不然，它仍有令人擔心之處，它的危險在於到站後下車，公車門一開，當你一脚跨出車門，說不定正闖上摩托車打公車門前衝過。按說這是絕對禁止摩托車行駛的「時空」，台北市的某些摩托騎士，偏愛在此「時空」中與你擦身而過。他們似乎對從不法中爭取合法，或是為與自己不相干的人製造驚悚，特別感興趣，人道主義在這些人眼中，遠不如一個「爭」字來得重要。

還有更想不到的驚悚，常搭乘大有信義直行線路公車出門，短短兩週內，幾乎發生兩次車禍。公車在候車站接搭客人後，關上車門起步，正當公車司機催動油門加速之際，不期然從車頭左側冒出一輛摩托車，橫過公車向右轉彎，幸虧公車司機機警敏捷，緊急剎住公車前進推力，才未肇事。那位摩托車騎士明明聽到公車的堵然煞車聲，心想他總該回頭揚手，表示歉意和感激吧，沒一點反應，揚長而去。車內不論站着或坐着的乘客，都為此驚險揑一把冷汗，有人甚至為此扭了腰，是否因此造成後遺症，不得而知。

台北市的摩托車文化，若要搜羅，幾大車也載不完。有一個未為人知的幻想，若台北市沒了摩托車，她將會是一個什麼樣的面貌。想象中，應該是一個非常可愛，像淑女般閑靜安祥，令人追求、嚮往的城市。

台灣的恕道文化

二〇〇四年台灣領導人換屆選舉，牽動著千萬海外人的心，因為 他們深愛著那塊土地，以及與那塊土地相依為命的兩千三百萬人。本文要討論的，不是具爭議性的選舉結果，而是更深層次的文化迷失。

台灣社會在日本人統治的五十年間，被注入不講恕道的日本文化。光復後，又在短短的兩年間，發生不幸的二二八事件。迨一九四九年國民政府撤退來台，因軍事失敗，促使政治危機感昇級，實行威權化的反共統治，儒家文化中的恕道被抽離。台灣同胞在長達一百年的恕道文化乾涸下生長，使整個台灣社會，再也見不到寬恕，祇見怨懟與仇恨，這是台灣同胞的大不幸。

二二八事件，成為台灣人割斷民族臍帶的一把利刃，仇恨製造了台獨，台獨反過來又滋長了仇恨。五十年過去了，國民政府的威權統治，與民主背道而馳，但畢竟造就了今天的台灣社會，也造就了今天的台灣人。並帶給台灣社會許多福祉，如教育，從日本奴化的殖民教育中解放出來，增設了日本人絕對禁止攻讀的人文科系，作育了今日台灣的社會精英。如經濟，成就了台灣的經濟奇蹟，使台灣錢淹脚目。那些老一輩來台的政治精英，殫精竭慮地對台灣社會作出奉獻，卻從未得到台灣社會的認同，更不用說心生感佩了。

基督教原本也是一個具有恕道精神，勸善規過的宗教。但經過台灣本土化的變種變質，台灣基督教長老會，便成為早期台灣反恕道的台獨基地，政治意識遠遠超過宗教意識。給人的感覺，這個教派就是為台獨而存在的，也是為仇恨而存在的。耶穌基督教育信徒們，要寬恕自已的敵人，而台灣基督教長老會，他們從未寬恕過他們認為的敵人——中國人。

二二八事件中，被殺害的除了台灣人，還有為數眾多的無辜大陸人。在為二二八控訴，為受害者平反時，台灣社會從未為被殺害的大陸人，鳴過寃，叫過屈，還當他們是罪有應得！這種厚己薄人的心態，不正是種因于缺乏恕道，所反射出的反人道思維嗎！而台灣社會本身又如何呢？台灣人與台灣人之間，動輒反目成仇，刀槍相向。政治上更是無倫理可言，長官與部屬之間，黨魁與黨員之間，同僚與同僚之間，不能反目，反目即成讎。

缺乏恕道，已成台灣社會文化中的一個「顯」象，更是形成今日台灣人悲劇性格的主要原因。台灣人畢竟是中華民族中的一個群體，他們的無辜與不幸，更是中華民族的大不幸，為今之計，發展恕道文化，應是發展台灣社會文化，最最迫切的課題。

台北市的捷運文明

捷運——這個現代化城市交通系統，美國的紐約市是個創先者，時至今日，它反而成了落後者。它的落後，還不止在設備及設施上，管理以及乘客的文明程度，都落後於後來居上的台北。這說明文明與先進，它不是專屬性的，也不是獨佔性的，更不可能獨佔性地永居上游。

美國人富於創新精神，同時美國人更有接受創新的雅好，否則，光有創新精神，若沒有社會接受的雅好支持，再美好的創新，也不可能實現。中國人不是沒有創新精神，而是一旦有人提出創新，所展現的社會認知，一定是否定者比接受者多。中華民族原本是一個極富創造性的民族，長期受到儒家思想的壓制，反成為一個保守、故步自封、惰性極強的民族。現代的中國人，凡百工技藝，都是向外國人伸手，鮮有自主創新的，即使是現有的產品改進，也懶怠費神，最好是能夠信手抓來。

紐約市稱捷運為地下鐵，從設計開始，便已決定了它後來的落後命運。雖說它的懷胎到誕生，它都是開天闢地的第一個，沒有比較，理所當然會有缺點。但更恰當的說，設計者的思慮不夠週全，是它呈現弱勢的原生病因。比方說，這麼龐大的交通系統，竟然未能想到要在系統內，設置用於排泄的廁所，這是一個不該失誤的失誤，興建之初，究竟是限於經費，還是限於智慧，更或是限於人道精神。紐約市是一個不設公共廁所的城市，對紐約市的外來者而言，排泄成為他（她）們的最大苦惱。美國人最愛把人權人道掛在嘴皮子上，紐約市成了外來者沒有排泄人權人道的城市，即使對紐約市的居民而言，這種苦惱也不遑多讓，尤以老年人為甚。

若與台北市比較，紐約地下鐵最不如人意的地方，是車站。一般車站站臺都很狹窄、陰暗，甚至潮濕。車站月臺的安全設施，更是落後，且曾多次發生意外，執事當局多年來從未想到要予改善。紐約中央車站地鐵，尖峰時段人潮之多，賽過台北車站不知凡幾。台北捷運車站在甫建成時，其安全設施亦未至完善，但今天的台北捷運車站，不但安全設施有了大幅提高，還設有安全人員維護大眾安全，把西方人自詡的人權人道精神，作了具挑戰性的示範。

紐約市地鐵人謀不臧，直是數十年來不能解答的難題。原因之一是工會的作難，原因之二是專業技術員工，不具備合格的專業，這問題的產生，還是與工會有關。現代經濟社會，或者說資本主義經濟社會，工會的目的在維護工人的基本權益，如工作權、基本工資權，以及與工作有關的應享權利。但工會也有義務維護僱主的生產權益，不能讓濫竽充數的工人充斥其中。若干年前，美國聯邦政府，曾派人檢查紐約市地鐵的經營與維修情況，赫然發現許多技術員工，根本沒有技術，行車一片混亂，誤點脫班成了家常便飯。到今天情況雖有所改善，與台北相較，還祇能給它一個落後污名。

台北捷運的進步，使人感觸良深。台灣的政治環境，已到了反人性化的地步，某些政治人物的言行，脫序粗否、目無法紀。但社會卻充份表現出人道主義、自律、自制的精神，為什麼會有這麼大的反差，問題到底出在那裡。當台灣的超級知識份子李遠哲，站出來為謝長廷的競選加持，向全台民眾表態示範，才悟出了端倪。原來台灣某些知識份子的求學聞道，並非是為了明心見性，明辨是非，而是昧心見性，不辨是非。李遠哲要支持謝長廷，不妨默默地投下自己的一票，不會有人爭論他的是與非。但他還企圖挾持諾貝爾獎得主的光環，為謝長廷創造時勢，搧動歪風，這便越過了個人理念的行為準則，而是在助紂為虐。謝長廷的競選，打的是一場「誠信」戰，而其本尊，卻是個最無誠無信的人，他的政治生涯，已被無情棄，一生休。

車站樸素宏偉，明亮整潔，工作人員素質整齊，服務熱誠敬業。台北市捷運客的素質，更是超越紐約地鐵人之上，這一代的年青人，他們爭出了大國國民的行為準則，整體而言，展現出一派泱泱大國風範。尤其那設在車站內的男女廁所，給予行人以體貼溫馨之感，解除多少台北市行人的苦惱，真正是一樁大功大德。

台北人的駕駛文明

什麼是人的文明，一種發自內心的、共同遵守的行為標準。它包括忍耐、禮貌、謙遜等美德。以排隊為例，在美國不是已成的隊形要依序排列，不成隊形也會依序排列。這種不成隊形的依序排列，多發生在等待人數不多的地方，如等待圖書館開門，冷僻街道的公車站，每個人都會在心中默默記住，先自己到達的某些個人，等到進門或登車時，自動依序排列，沒有人爭先恐後，更沒有人偷雞摸狗，或渾水摸魚。在台北搭公車，從未看到有人按先來後到順序，排隊上車。

進步到拿號碼排隊的台北市，應該是進入文明的象徵，可是仔細觀察，總會有不按牌理出牌的人，走後門插隊。這類異象的產生，是因為有人開後門，才會有人走後門，這兩類人，都是文明的破壞者，社會的虫蛆。

從行人的角度看台北市，祇能算是一個半開發的城市，沒有人行道的道路，粗略的估計，約佔台北市道路總長度的百分五十，或許更多，那些沒有人行道的道路，都不具備行的安全。即使是有人行道的道路，其安全性也很堪虞，第一，住户可隨性式地設置路障，或乾脆予以阻絕，行人至此，必須繞經快車道。第二，自行車摩托車常常是人行道的入侵者，並以勝利者的姿態，搶奪優先權。

城市斑馬線的設置，其主旨目的便是維護行人安全，偏偏有行人在斑馬線上被撞。這個城市駕駛人的文明，要不是超現實的，便是超落後的。行人走在台北街上，無論是小巷道或正常的人行道，必具的一個心理準備，便是隨時隨地緊急剎車。這裡的駕駛人，無論其為白領或藍領，他不管你有無容身之地，也不管你已行到無紅綠燈十字路口過街的那一點，他就是要享受駕車的優先權，逼迫你讓路。尤其遇到法律的死角地區，如狹窄的巷道，更是當仁不讓，捨我其誰。膽小的行人，常常被逼後退數十公尺，從未見過有駕駛人停下車，禮讓行人優先的鏡頭。

台北市的國際排行榜如何，非本文主旨，辜且不論。從硬體建設來量度，它缺乏统一的道路標準，統一的路標標準。軟體建設，駕駛人的文明程度，令人咋舌。

台北散記

台北市的大眾交通，在全世界大都市中，排名應該在前三名內。單以公車而論，行駛線路多，班次密集，可說是無遠弗屆。公車的服務還有更週到的設想，前車廂擋風玻璃的上方，設有電子顯示熒幕，將行車路線沿途的站名，適時適站地向乘客報告，讓不是很熟習該車行車路線的乘客，不致錯過站頭，這是一種多麼貼心的服務。若在非尖峰時段搭乘捷運，除便捷外，那更是一種享受。當人們走進捷運站，乘著電扶梯徐徐下降，便會感到微風拂面，不汗自涼。到達第一層大廳，購票處圖示明確，線路、站名、車資一覽無遺，取票後走向票閘，將票放到感應器上，一瞬間兩扇小小的紅色閘門便自動打開，正應了那句「蓬門今始為君開」，乘客不必慌忙，有足夠的時間，讓乘客從容不迫的過關。這兩扇紅色閘門的設計，說明台北捷運當局的服務心態，他「她」們是以十分的熱誠和誠懇來歡迎乘客的搭乘的，與此相反的是紐約市地鐵的閘門，它所展示的，是一幅攔路虎姿態，像極了人的那張傲慢的臉。

事實上閘門的啟閉時間，足夠二人前後過關，經有心人仔細觀察，從來還沒有過這個發現，兩個人用同一張票一次過關。是台北人太笨嗎，不，應該說是台北人的修養，已越過偷雞摸狗貪圖小便宜的那條線。紐約地鐵站就有過這樣的案例，據一位服務於紐約市地方法院，擔任庭審翻譯的朋友說，曾經有兩個人，共用一個 **Token** 通過地鐵站的閘門，不幸當場被警抓獲，因兩人的膚色與母語相同，庭審法官認為是共犯結構，判兩人都有罪。

清潔與通風設施，都夠得上國際水平，如果與紐約市的地鐵站臺相比，應該是超水平。每個車站平均有四個入出口，為了使非本地乘客不致誤導方向，站臺上設有方向指示牌，入出口編有號碼，乘客不難從指示牌上，找到自己前往方向的入出口。如果方向指示牌還不夠明瞭，站房大廳出口處牆壁上，還繪得有附近街道局部詳圖，為乘客釋疑解惑指點迷津，生活上，祇要是捷運能到的地方，訪友也好，購物也好，決不作他想。想到那份快捷舒適，比坐自備轎車還要令人愜意稱心。有人說台北居不易，但比做有車階級，尚屬上乘。台北市開私家車，第一是停車難，找個停車位有如中樂透。第二是找路難，台北市的道路名牌，亦如淑女的芳名，不肯示人。私心竊想，陳水扁兩任八年台北市長，未能從道路名牌上，將台北市打造成國際大都市，情有可原，因為他土，見微識淺。馬英九美國哈佛法學博士，喝過洋水，見過世面，也是兩任八年，同樣在道路名牌上，繳了白卷，這就難以自圓其說了。這麼說一定有人不服氣，尤其是台北市人，台北市的道路怎麼會沒有名牌呢？說這話的人不是瞎了眼，便是心存誹謗。舉個實例，也許就會心平氣順了。當你廁身十字路口轉角處，你看到了縱向方向的路名，你側身想看橫向方向的路名時，對著你的是它的背面，一塊白板，上面什麼也沒有，如果此人恰巧是一位國際自助旅遊者，手上捧著一份地圖，正在找尋此時此地的自身位置，他必需退回橫向方向的路牌正面，才能証實此路的芳名。以上所舉還是交通要道，那些次要道路或巷道，更成了大都市中的老庄名士隱姓埋名者。君不信，不妨慕名訪之。筆者台北居處是二三二巷六弄，但掛在弄堂口路燈柱上的牌名是二三二巷十六弄，下一個弄堂口掛的正好是六弄，弄錯位置並不稀奇，稀奇在十年如一日，沒有人發現，沒有人理會，若遇上外省縣市的客人來訪，這位客人不糊塗也被弄糊塗了。

一次朋友好心，招待我去淡水海邊吃生猛海鮮，去時已逾黃昏，回程一片漆黑，他自認是識途老馬，自己駕車自己提議，繞道基隆回台北。待車上了北海高速公路，才知道有誤，上了賊船。一路上漆黑如墨，沒有路燈，看不到路標，不知身在何處，好不容易遇到一個出口，出去一問，基隆已近在咫尺。

作為國際大都市的道路名牌，第一是要有統一的樣式和大小，第二是要有統一的高度和位置，坐在佩傢車裡看得到，坐在公車裡也看得到，第三是凡遇街口就要有名有姓，讓行人隨時隨地都能找到自己的所在地。

天堂啓示錄——一個嶄新的哲學命題

有幸受邀參觀陶瓷藝術家蔡爾平先生的家，他把它命名為「天堂花園」，天堂是上帝曾經許給凡人的安樂土，信徒們嚮往的美麗歸宿。那畢竟都是些虛幻的承諾與憧憬，認不得真，也信不得真。然而，人間的確有一個「天堂」，那就是蔡爾平先生的花園。

蔡先生為什麼把他的私人花園命名為「天堂」，他既非信徒，又不握有任何權勢，更不是自負或自大的狂妄之人。這天堂的命名，應該說是得自園中草木的啟示。因為蔡先生的花園，是一個地球生物的共生體，他為來自地球各地的生物，熱帶的、寒帶的、温帶的，安排一個舒適的家，使他們有歸宿感。故在他花園中的生物，不再堅持各自的地域性，個個都把「天堂」視為自已的原生地，欣欣地向榮，和睦地共處，這不是「天堂」是什麼？「天堂」不就是個無憂無慮的快樂園嗎。

由個人的天堂，進而想到全人類，蔡先生想要打造的，是未來全人類的「天堂」。因此，他提出了一個新的哲學命題，那便是「植物的思維方式」。的確，當今人類社會的思維方式都是動物性的，動物性的思維方式，便是弱肉強食，物競天擇，適者生存。人類進化到了二十一世紀，科學發達到探測宇宙的奧祕，但在對待同類的思維上，還是原生性的。因此而征伐不斷，殺戮也不斷。為什麼?因為人的思維方式仍停留在動物的食肉時代，物質文明對人類精神文明的改變，沒有起到提昇的作用，反而促使人類更趨向暴虐殘酷。原因在，科學文明朝向一個以殺戮為目的的方向發展，武器的殺傷力愈來愈強大，人性變得愈來愈原生化，今天的人，正應了古人說的「衣冠禽獸」。

植物的思維方式，天堂花園有它的啟示錄，如前所述，天堂花園是園內所有生物的共生體，大家共生共存共榮。以共生為例，方式很多，最常見的是超過兩種以上的植物共生在一株主幹上，主人把它稱之為生物圓。各自找尋自已的立足點和生存空間，各自選擇自已的發展方向。這裡沒有殺戮，沒有干預，沒有仇恨，沒有怨懟，沒有歧視，沒有排擠，使生存者都能獲得生存，而且是自由自在的生存。

也是天堂

一個人若仰不愧於天，俯不怍於人，其生也巍巍乎光霽日月，其死也浩浩乎氣貫山河。這樣的人無論是生或死，他處身所在都是天堂。宗教家把上帝處身所在稱之為天堂，殊不知上帝設禁果，便是一種引誘行為，正是愧天怍人的行為。西方宗教常不能自圓其說，發源自西方宗教的政治哲學，把正義與罪惡混淆，更是不能自圓其說。中國人沒有宗教式的信仰，但中國有比宗教更為淡泊虔誠的哲學思想，無為而有所為的思想。

美濃——一個非常熟習而又陌生的地方，熟習是因為久聞其名，陌生是從未識蘆山真面目，有幸一日遊，引為快事。勤奮純樸，它是中國農村的普世價值，也是中國農村的廣泛型格，遇見的人有著同樣的笑容，同樣憨直的臉。談話內容離不開收成、栽培、稼穡。這裡沒有攀比文化，對沒有十克拉鑽戒，沒有名牌手錶的訪客來說，消除了心理上的障礙與壓力，享受到從未有過的輕鬆與自在。

居亭主人是一對中年夫婦，倆人都在大城市裡工作，原是本地人，深愛著這塊自己的原生地。他們在工作地佈置了一個家，那是個屬於職業工作的家，原生地也佈置了一個家，這才是屬於他們自己倆個的家。他們稱自己的家，是鄉下的鄉下，因為它距美農鎮還有一段不近的行程。每屆星期五，他們便離開那個屬於城市的家，回到這個返樸歸真的家。這裡除了一個應有盡有的家之外，還有一個數百坪大的室內花圃，培育著數百盆名貴蘭花，蘭花是主人心目中的鑽石與名錶，養蘭不是為了出售，完全是出於嗜好，他精心地培植，大方地送人。

客人有所求，主人必有所饋。問他饋贈後會不會牽掛，搖頭微笑不語，多灑脫的心胸，正應了佛家「放下」的開示。

問他們為什麼愛上這麼個原生性特強的地方，回答是正面的，它的原生性正是他們所嚮往的，單純、靜謐，一個心靈的天堂。

監察院長

御史——古代中國的監察院，主持察奸犯科，同時也是統治權力的監督者，謂之言官。言官者，向皇帝進言的官也。中國雖是一個絕對君權制國家，統治者為了防止權力濫用，設官以為自己的監督，同以監督百官。中山先生秉承中國的傳統，制度設計時，改西方的三權分立為五權憲法，特別提出足以傲視西方的兩權，考試權與監察權。

中華民國憲法，經過多少憲法專家，集思廣益，字斟句酌，訂定成型，由國民大會通過實施。被一個學農業經濟的憲法外行，修理得面目前非，因其所托非人，蔣經國的罪治，豈止是毀了國民黨，也毀了中華民國。憲法被視為國家的根本大法，也就是說國家的合法性，以其憲法的合法性為準。如果成立國家的憲法已經違法，那這個國家或政權的合法性便成了問題?中華民國憲法被稱為剛性憲法中的剛性憲法，中華民國於一九一一年南京合法成立，組織中華民國政府，成為中國的合法執政者。因內戰而被趕下中國政壇，為了適應現實政治環境，及維持其合法性，蔣氏也祇敢搞個小違章建築「憲法臨時條款」以應急需。

李登輝為了實現其陰謀，做台灣共和國國父，不惜大膽竄改憲法，將中華民國變合法為非法，企圖以兩國論來完成他的國父夢。他的冒進，連美國都撐不住，惱怒之下，予以當頭棒喝。李登輝既毀了中華民國，又未能立國制憲，落了個兩頭空，覩乎李登輝做國父夢所展現的性格，仍未走出蔣渭水所訂的「臨床講義」。

監察院原本是與立法院，同屬五權憲法憲制下的平行權力機構，被李登輝改成三寸金蓮，其法理的不倫不類，於當今台灣的政治文化，有著強烈的象徵意義。眾所週知，台灣的立法院是個藏污納垢之所，它竟享有監察委員的同意權。別不相信，說不定那天，那位立院大哥心血來潮，召監察院長到立院備詢，都有可能。台灣這塊土地上，要不鬧些荒唐事，鬧出荒唐人，它便不是本土化的台灣，傳媒都得關門大吉。

今天的監察院還有什麼神聖性，尊嚴性可言。一批將要出任御史重任的清高正直之士，沒進廟堂，先要蒙污濁垢。誰有這份雅量，接受這樣的侮蔑，難怪王建宣家人都極力反對。

監察院法理的不倫不類，衍繹為憲制的不倫不類，監察院已淪為立法院污垢的下水道，故監察院長的最佳人選，應該是甄某某或薛某某。

王作榮「統一」建言的可行性研究

正如王作榮所言，中國歷史上統一的時間長，分裂時間短，政治思想上，統一便成為金科玉律。當今世界各國，統一也被視為國家的最高利益，不容置疑，也不容置喙。百年前的美國內戰，主因為的是統一，而非解放黑奴，台灣的歷史教材曾經誤導，現在應該改過來了。被分裂的國家，要求國家統一，不但為國際社會所認同，也為其所維護，如東西德南北越的統一，雖累遭阻撓，終不能阻擋。

不過處在當下歷史時間點上，和台灣的領導人甚至居民，論「統一」祇怕是曲高和寡。

第一，要馬英九放棄九五之尊的總統職位，去屈就成為地方官，他能答應嗎，竟管馬英九不想爭朝夕，爭千秋。那些等著四年後或八年後做總統的人，也不會答應。第二，台灣社會不認同統一的人口偏高，每個人都有他各自的理由。第三，不曾親履大陸的人，向來是用放大鏡看自己，用縮小鏡看大陸，由反比例原則，產生反比例心態，與這類人口論統一，他的第一句話一定是「憑什麼」？第四，賣保險的商人更不願意放棄這筆生意，保費既高昂又祇賺不賠，天下那去找這麼便宜的顧客。第五，台灣言論自由很開放，新聞反倒閉塞，好像全世界祇剩下台灣似的，平面媒體頭版頭條，永遠是台灣優先，祇有很少數的人，關心外部世界，絕大多數的人，祇看自己的四周，祇聽台灣的聲音，閉塞阻擋人的視野，隔斷人的聽覺，媒體發達的台灣，反而成了自閉的台灣，除了台灣第一，此外，什麼都聽不進去。

「統一」是個敏感的話題，也是個心照不宣的話題，就像是得了絕症的病人，在沒到病入膏肓之前，不敢去想它，更不願去談論它。其實，統一或拒統，都由不得人的意志作轉移，它是個渠成水到的結果。連獨霸全球的美國，都無力左右，祇能以威脅利誘的方式，穩住今天，明天如何，都在未定之天。馬總統就任甫滿彌月，就叫他為病人看醫生論病情，別說病者不領情，還得小心被棍棒打出來。

王作榮的建言，祇能視作耳旁風，不可行，行也不通。

任重道遠

司法改革，任既重，道亦遠。

司法在長達兩千餘年的中國政治結構裡面，一直是一個被管束的孩子，從不讓他長大成人，為的是怕他一旦長大成人，就很難乖乖地聽話服從。所以打從設計開始，便是管束性的，以大法官為例，美國的大法官是終身制，中華民國是任期制，一個是成年人，一個是被管束的孩子。蔣氏主政時代，司法審判還是隸屬行政院的管轄，社會要求轉制，執政者羅列出千萬條理由，拒絕從善如流。直到一九八〇年，方心不甘情不願地，將司法審判系統管轄權，由行政院改隸司法院，派情治出身的范魁書任秘書長，還是玩那種換湯不換藥遊戲。畢竟人治的壽數有限，今天的司法審判系統，審判獨立已逐至完善。馬英九總統要建立的司法獨立，重點應該是還留在行政院內，由法務部管轄的檢調兩個單位。也就是要檢調成為成年人，從被牽著走，到自己走。

這件事，馬總統當法務部長的時候就應該做，惜乎他沒有權力做，他做部長也是為人作嫁，稍不如「君」意，便被李登輝修理，鞠躬下臺。接替的廖正豪，比馬部長更快更慘。李登輝陳水扁兩人用人，不遵制度，不講格調，完全是隨興之所至，走馬燈似的，這是不是拜本土政治文化之賜。馬英九可以做台灣人，請千萬別做本土化總統。否則，那些個部會首長剛走進辦公室，屁股還沒坐熱，就待準備打包走人。

司法獨立，說起來容易，做起來祇怕很不容易，這不是有權者一句話便做得到的。當然，若沒有有權者的支持，那便更做不到了。首先是要修法，行政不得干預司法，更不得以人事來干預司法。從法務部長開始，不容許總統的黑手，伸到法務部長頭上摸頭。自法務部長以下，各級主管都不得摸下屬的頭，包括績效考核在內，要給予檢調者充分免於恐懼的自由。對司法人員，要重做嚴格篩選，不可否認的，司法界存在著許多永遠長不大的孩子。因為，做小孩子可以撒嬌邀寵，被摸頭，馬英九的特別費案，便是小孩子在辦案。如何幫助他們長大？已是一棘手問題，如果有人堅持停格不肯長大，又該如何處理。

另有一類人，他們是加入過陳水扁執政團隊的人，臉上都被烙了一個「與扁同流」的印記。如今，隨著扁政權的結束，鞠躬下了臺，這類人還能做什麼呢？唯一的用途是送去實驗室做細菌分析，看能不能發明出一種治療貪腐的特效藥，對個人言，以贖前愆，對社會言，人盡其材。據報載：有扁團隊的卸任司調人員，向新上任的王清峰部長嗆聲，要求回法務部「重做馮婦」。檢察官何許人也，清高自尚，法律的守護神。與扁同過流的人，全身都是病毒，是要被隔離消毒的人，還能放到公眾場合中，任其污染眾生嗎。

民主的法制

中山先生在其民主革命累經失敗之後，他不得不從西方的民主思維撤退，回歸東方的威權文化。當他試圖東山再起，重建他的政治建構時，他想到的不是他所熟稔的西方民主組織，而是東方蘇俄的布爾什維克。因此，他於民國十三年親手打造的中國國民黨，便是一個仿蘇式的布爾什維克黨。並將黨的精神，重新拉回革命的道路，將中國國民黨，欽定為革命政黨。革命者，霸道也。

不久，中山先生遽然逝世，對他個人言，幸或不幸，尚難以定論，他未被披上獨裁者惡名，則是一不爭的事實。蔣介石先生繼承遺業，因着秉賦的不同，他所領導的中國國民黨，連中山先生僅存的西方民主思維，也被摒除淨盡。其文化傳承，有西方的法西斯、東方的布爾什維克、以及孔孟的宗法家天下。

迨抗戰勝利，爆發內戰，咸認為與中國國民黨的統治文化有關，詬病者有之，諍議者亦有之。民國三十六年，蔣介石先生被迫行憲，一則誠意不足，一則倉促成事，除了一本憲法，與民主制度配套的相關法律，都未相繼訂定或更訂。內戰失敗，退守台灣，又在外憂內患相煎下，給予蔣先生充分藉口擱置憲法，民主成了行憲的一個畫餅。

台灣在八〇年代中期，由威權轉制民主，因是統治集團的內化轉變，被尊稱為民主先生的李登輝，一方面食髓知味，放不下既得利益，一方面沽名釣譽，為擢取民主光環，以偷天換日手法，將舉手投票取代民主法制，人民取得了舉手投票權，法制卻掌握在統治者的手中，任其操縱蹂躪，民莫奈之何，因法制還是威權的，尚未民主。

二〇〇〇年政權更遞，取得執政權的民進黨，更是見獵心喜，把威權制民主，運用得淋漓盡致，已至無法無天程度，人民及反對黨－中國國民黨，祇能眼睜睜地看着乾瞪眼，原因是這些方便統治者，違法亂紀統治的合法性，都還是中國國民黨統治時期，為方便自己的統治而建構的，隨着政權的交遞而移交給了民進黨，當彼一時也，國民黨如何會想到自己被更遞，失掉政權，受此煎熬。

今天，二〇〇八年，又輪到執政的民進黨交遞政權，重執威權制民主的國民黨，應秉諸過去八年民進黨執政的慘痛教訓，利用完全執政之便，將民主的法制建立起來，為未來台灣的民主法制，樹百年基業，才不辜負寄厚望於國民黨的人民。

民主不是烏托邦

最近常看到警察執法過當的報導，這些指責者，多數是違法的當事人，或支持者，當事人的親朋友好，其中更不乏選區民意代表。所謂執法過當，它告訴人們一個事實，當事人確曾違法，「過當」是因為執法者不講情面，執意執法。

台灣的民意代表，是當代社會的一個特權階級，他（她）們不止享受民主的特權，還要求享受封建的特權，對執法者頤指氣使，為了鞏固個人的選票，凡事搶着出頭發聲，法治與民主都可以擺一邊。

民主國家警察執法，要求公平，便不講情面，也不能講情面。台灣從封建獨裁社會走向民主，心態上，對民主的法制，還難以接受。封建獨裁法制，儘管專橫霸道，但它是人治的法制，重人情而輕法律，違法與執法之間，有很大的迴旋空間。法律，對有後台的人違法，情字當頭，對有頭有臉的人，更是與我何有哉。

動輒叫囂執法過當的人，他們一方面要求擁有民主的自由，卻不要民主的法治。一方面還死抱着人治的法律心態，要求享受無執法的自由，這無疑是要求烏托邦式的民主。看美國警察執法，與台灣警察執法，一個是在天堂執法，相對而言，人人認同，人人平等。一個在地獄執法，遇到的都是牛鬼蛇神，一個不慎，就會被反噬一口。

要民主就要守法，民主的精神就是法治。當下那些利之所在吾往矣的律師，他們指責法治違反人權，為的是維護他們的訴訟委托人，無視於犯罪嫌疑人的犯罪事實。他們站到法治的對立面，為犯罪嫌疑人要求無罪釋放，用「人權」作其脫罪的藉口，這是用言論自由，來包裝反民主、反法治，不啻於要求民主變烏托邦。

有法治才有人權，一個自由放縱的社會，怎麼會有人權呢。那些為犯罪嫌疑人，高喊人權的律師們，其居心無非是企圖解構現存的法制，以達其釋罪的目的。

給犯罪嫌疑人上手銬，也被反法治的律師們，叫囂違反人權。殊不知這手銬，正是西方人權社會傳過來的刑具，也正是西方社會，用來維護法治，維護人權的刑具，它是地地道道的泊來品，不是中國的傳統。這些叫囂手銬違反人權的律師，民代，犯罪嫌疑人，是不是應該做點 **Home Work**。把停留在刑不上大夫的人治人權觀，改為法律之前人人平等，民主法治的人權觀。

野草莓學運

大學生是什麼類型的人呢？曰：「已經成熟的年青人」。成熟表示思想行為都已獨立：思想的獨立，包括創造、思辨與認知。行為的獨立，涵蓋及於守法、應變、自制等的能力。

野草莓學運的訴求，初淺的理解，要求將現行的集會遊行法，核准制改為報備制。也即是要求，由官方核准，變成由人民自己核准，官方祇是個被知會的機構。問題在，這樣的集會遊行，其秩序與安全，要不要官方維護？還是各自負責，死活不與官方相干。集會遊行之所以要經官方批准，其最大理由與目的，在維護全社會的秩序與安全。如果台北市同一時間內，不同地段，有數個、數十個、甚至數百個集會遊行團體，官方又有維護秩序與安全的責任。試問，放眼今天的各國警察，有那個國家具此能力，又有那一個國家會予以容許。

野草莓學運所啟示的，一群不求甚解的大學生，為展示個性所採取的譁眾取寵，其目的與結果，祇能搏取掌聲與同情，於其訴求，則不知所云。

這類學運最起碼的功課，應先將當今世界民主國家的集會遊行法，作一比較研究，美式的、歐式的、台式的。得出其中之優與劣，就自身的思維判斷，與當下社會所應採行之應興應革諸端，做成說帖與訴求，公之社會爭取認同，這才是讀書求知者的認知行為。似今次式的泛民主控訴，它缺乏大學生求知的知識內涵，類似於盲目盲從的愚民。比之目標明確，內容充實的海外七〇年代保釣運動，野草莓褻瀆了「學運」這兩個字。

學運者，學生所從事的社會運動也，它必須具備學術的品味與思辨，讓社會感知運動者的所知、所求，野草莓學運提供了什麼？

國號辨

兩千餘年的中國，其最大最荒謬之處，就是沒有一個定尊定姓的「國」號。家天下的中國，國屬於某家某姓的產業，凡擁有中國產權的某家某姓，它的私人符號，就是中國的國號。最能代表這個私有制的象徵，一是旗幟，二是紀年。

讀過中國歷史的人，起碼都能記住，歷史上的朝代，那些朝代的名字，便是當時代國號的名稱。歷史上的「清」朝，對外稱大清帝國。所謂中國，它不是對外的官方國名，它是國人內部的自稱。它原本是屬於地域性的界說，古人認為中國的地理位置，居華夏之中，自稱中國。直到西方世界，把「CHINA」磁器，稱為中國，才正式有了英文的定名。這是中國被西方的洋槍大炮敲開大門後，不得不接受的一個賜予，但還不是一個制式的名稱。中山先生革命成功，在 CHINA 上面冠上 REPUBLIC。毛澤東先生革命成功，又在 REPUBLIC 上面再冠上 PEOPLE，這些被加上去的修飾語辭，都無非是要凸顯出自我，對「國」的主宰意識。

中山先生雖說比同時代的人，開明進步，畢竟是一個半中半西的文化載體，在他革命尚未成功之前，先就有了自己的旗幟「青天白日滿地紅」，成功之後，立即為自己「紀年」，這些個象徵帝制王朝的符號，都不能免俗。毛澤東先生去掉紀年，卻去不掉代表王朝的符號和旗幟。這說明文化的頑強性，凡接受過此文化濡化的知識人，其思維與行為，都抹不掉此文化的痕跡。

西方世界所認知的中國國名衹是「CHINA」這個字，中國人還是把政權符號當作「國」號來稱呼，如中華民國、中華人民共和國。如果，中國真要定出一個永恆性的國名，那個名字應該是「中國」。

鹹魚翻身

中華民國和青天白日滿地紅國旗，早已被李登輝陳水扁兩人，貶入凍屍庫或放到脚底下踐踏，成為凍屍或泥漿，忽然之間成了台聯和民進黨，共同共識的主題，台灣主體意識訴求的主體，先以之嗆國民黨，後以之嗆陳雲林。

李登輝陳水扁兩人都是綠色運動的推手，李登輝主導毀憲毀國，陳水扁更進一步，宣佈中華民國已死。兩人前後執政二十年，兩人從不敢宣佈綠色建國，這還不夠說明綠色建國運動的虛幻嗎？之所以還有人沉迷不悟者，除了表現出弱智的思辨力，實無以名狀其言與行，若還要有所解，便是懦夫行徑了。

中華民國自武昌起義，一九一一年成立，迄一九四九年被趕出中國大陸，退守台灣，前後執掌中國政權三十八年，除去北洋軍閥统治十五年，國民黨合法執掌中國政權，成為中國合法政府，僅得二十三個年頭。今天的中國共產黨，它所合法執政的中華人民共和國政權，與曾經合法執政的中華民國政權一樣，同是在中國這個國家架構內的合法政府，中華民國與中華人民共和國同是在中國這個大門內，合法執政的政權符號，前者是過去完成式，現在是彌留狀態。後者是現在進行式，都不是國號，硬把它提昇為主權獨立的國號，那正是懦夫的自瀆。

綠色運動者，早就不承認有中華民國，蓋他們知道承認中華民國，無異於承認中國為台灣的主權國。此處的中國，乃國父中山先生所稱「領土、主權與人民」的中國，在李陳去中國化二十年執政期間，從不承認中華民國的合法存在。這會兒強烈要求執政的國民黨，以中華民國政權符號去嗆聲中華人民共和國政權符號。面對中華民國這個向所被綠色運動者，鄙視褻瀆的政權符號，及象徵這個政權符號的青天白日滿地紅國旗，這些綠色政治人何前倨而後恭，無他，充分暴露出他們政治心態的無奈與無恥。

撤彈

隨著國共靠近、三通、和解又引出一個新的話題，要求對岸為表達真誠善意，撤除對準台灣的飛彈。胡錦濤深諳通權達變之道，縱不立即回應，也會縝慎考慮。

國共對立，自清黨迄今，已八十一個年頭，其中有分有合，有譎有詐，從未彼此坦誠相見。今次能夠走到一起，是在同一個時間點上，彼此都有種急迫感。也許這一次的聚合，真能夠激發雙方的良知潛能，為中華民族的未來，釁築出新的交流道，排去過往的閒隙，共生共榮地走向明天。

中國飛彈的方向，都是向著台灣，但它的目標是不是全指著台灣，便見人見智了。飛彈是非常昂貴的武器，所以它對準的目標，一定是非常重要的目標。據指對岸上架的飛彈已超過一千枚，一個飛彈發射架所儲藏的預備彈，以兩個基數來估計，其屯積量至少也在兩千枚以上。台灣有這麼多重要目標，供對岸的飛彈消遣嗎？因為有綠色領袖放話，以美軍為奧援，美國政府和軍方，也似真似假地如此這般，促使對岸不敢掉以輕心。其飛彈的方向雖然雷同，但其中絕大部份的目標指向，應該是台灣後面的太平洋，而非陸地的台灣，以及兩岸之間，台灣海峽九十餘公里寬的水域。

台灣可以要求撤，對岸也應該視情況撤，畢竟用飛彈瞄準台灣，不管目標是軍事的，或非台灣的，都令人有不快的感覺，既不擬以戰爭為手段，撤之又何妨。

誰在保衛台灣

維護國家安全，理所當然是軍人的責任，它也是全民的責任，祇是台灣社會從不覺得他們也有責任。台灣的軍人，有兩個不同的來源，其一是隨國民政府撤退來台的大陸籍職業軍人，另一是服義務役的台籍士兵，這是早期的國軍建制。隨著時間的推移，人事的凋零，軍隊的人事結構不斷在更變，但變中有不變，接替職業軍人餘緒的，多數還是大陸籍的第二代，甚至第三代。長久以來，職業軍人便是一個極其冷門的行業，被社會大眾歧視的行業，甚至被社會遺忘的行業。

沒有軍隊便沒有安全，這是個最普通不過的常識，在台灣似乎很少有人懂得這個道理，更沒有人關心這個道理。因為早期軍隊是國民政府從大陸撤退來台灣的，與當地人沒有血緣關係，又因為各種政治因素的介入，軍隊成了台灣社會系統中的外在系統，與本土化永遠格格不入。

軍隊不能沒有軍人，更不能沒有職業軍人。職業軍人是軍隊的命脈，其訓練是一個極其艱苦的過程，不能吃苦耐勞，根本別想做職業軍人。其昇遷又是一個極其緩慢的過程，不能任勞任怨，也別想做職業軍人。早期職業軍人既沒有擇業自由，也不享有婚姻自由，沒有人身權，也沒有公民權，連罪犯享有的權利，他們都不能享有。待遇之菲薄，副食費每月三十元，延續十餘年之久，物價已一翻再翻，職業軍人的副食費及薪俸就是紋絲不動，沒有他們的奉獻，台灣能安全嗎？沒有安全，能夠發展經濟，錢淹腳目嗎？

整個台灣社會沒有人為軍人的不平遭遇，叫過屈，吶過喊。六十年來，誰在保衛台灣，一群不被台灣社會接納的大陸籍職業軍人。

台灣軍購的困境

從上個世紀二次世界大戰後被分裂的國家，僅剩下南北韓，中國大陸與台灣。前者是身不由己，後者則是自相殘殺，咎由自取。大陸與台灣被兩個統治者分裂成兩個政權，迄今將近一甲子，其中以前三十年的矛盾最為尖銳，鬥爭最為激烈，完全是因著人為的因素。如今，這些因素已被宿命所泯，又產生了另一種人為的因素，綠色夢。

夢原本是一種希望或理想，有其崇高的訴求和抱負，惜乎綠色夢幻者不符合上述的準則。因其凡事不求諸己，祇企圖撿現成的便宜。八十年前蔣渭水臨床講義下的那群人，八十年後的綠色基本教義者，仍舊是臨床講義下的那群人。這種把獨立建國的重擔，放到別人肩膀上的人，其悲哀不是外發的，而是內蘊的，這才是台灣人的真正悲哀。

中國一甲子的分裂，可以分為兩個階段。毛蔣統治為第一階段，從台灣向外看，外有冷戰，美國撐起半邊天，台灣在此保護傘下，即使不高枕無憂，也沒有眼前之虞。向內看，自大陸改革開放迄今，也整整三十個年頭，台灣自李登輝主政，豎起綠色大旗，加上陳水扁的八年，二十年如茲，依附在美國的保護傘下，不思進取，祇知諉過自肥，錯過了自立自強的機會，如今，回首已是百年身。

正是李登輝承襲台灣錢淹腳目時代，南韓經濟遠遜，而今南韓已能自製神盾艦，台灣哩？兩代領導人除了噴口水，巧言令色，治國則一無所長。個人也好，國家也好，如不自珍自重，招來的一定是輕賤，台灣放到今天的國際政治天秤上，重量如何，看看砝碼就知道了。

輿論喟嘆軍購看美國臉色，殊不知美國諸多方面，也在看別人的臉色，這便是政治現實。明乎此，台灣軍購的困境，不言而喻了。

西線無戰事

西線本無事，庸人自擾之。中共政府一再向全世界宣示，台灣不綠（獨）他們不武，這是對方開出的兩岸和平相處底線。故台灣的戰爭危機，不是來自西線的大陸，而是起自內部的「綠色夢」，但是，証諸國際現實，連陳水扁口中的靠山美國，都否定台灣是個「主權」獨立國家（美前國務卿鮑爾語），那作為台灣主權主張的綠色夢，還能有什麼籌碼，連下注的本錢都沒有，還能博奕嗎？

綠色建國，無疑是拿台灣人的生命財產做賭本，去博綠色夢幻者的理想與野心。美前國務卿鮑爾的話，不是片面說給北京政府聽的，他是在向全世界宣示立場，也是正面告誡綠色論者，台灣人不單獨領有台灣的領土主權，它必須要與十三億大陸同胞共享（美前國務聊鮑爾語）。也就是說，一個國家的領土主權，是全國人的共有財產，你現在管理的財產不等于是你的，搞不清主權的歸屬，才會異想天開鬧分家，法理上說不過就硬拗，吃虧的還是自己。

美國也不止一次地正面宣示，台灣關係法並不保護台灣爭取主權獨立，祇關切台灣受到非主權獨立的武力攻擊。此所以民進黨執政八年來，從不敢越此雷池，連試探性的語言，都會招來美國的大棒伺候，遑論實踐付諸行動了。民進黨的綠色訴求，一向祇用來作為內銷爭取選票，這是民進黨的最大政治資源，每遇選舉必把它祭出來，作為文攻武嚇的武器。惜乎陳水扁不知珍惜，二〇〇四年立委選舉，與對手打消耗戰，終於用罄，且見了底。美國見情勢不對，為了自身的利益與安全，趕著掀開綠色的底牌——台灣不是個「主權獨立」國家，美國為什麼急著揭綠色的底，這等於是出賣綠色和正以綠色為訴求的民進黨，很顯然，美國不願被綠色拖下水，美國祇想從台灣獲取利益，絕不肯付出代價。綠色論者向所指陳的，必要時美國會出兵護台，從美國赤裸裸地掀綠色的國王新衣來看，綠色論者的美國護台論，那不祇是天方夜譚，更是荒謬之極的謊言，還不夠綠色論者及其追隨者醒醐灌頂嗎？

既然民進黨不敢綠，中共就不會武，台灣便不應有戰爭的威脅，有必要購買大量武器，消耗納稅人的血汗嗎？台灣軍購真是防禦性軍購嗎？從軍購清單看，交貨期有長達十年的遠程裝備，等到這些裝備到達台灣時，己是祖父級裝備了。如果有戰爭，誰敢擔保戰爭不會在這些裝備到達之前的十年內發生，既然這些裝備能等十年，就說明台灣沒有戰爭危險，沒有軍購的必要。退一萬步來看，西線若要發動戰爭，當然是挑你弱勢的時候打，誰會蠢到等你買了新的武器裝備再打，這些說狼要來的人，無非是拿狼來嚇人，生意人的噱頭。售武與購武，純係政治上的私貿交易，陳水扁說得一針見血，軍購就是向美國買保單，祇不過保單內容中有個但書，絕不保綠色夢幻者圓夢。

輿論

與新聞自由有著孿生性的民主內容，那便是言論自由。因言論自由與新聞自由共生共存，新聞自由已成為普世性的共通理念，保護新聞自由也就是為了保護言論自由。新聞載體除登載新聞，還闡發時論，甚至開闢言論廣場，從國家大事到個人行為，都可能成為言論鍼砭的對象，而這些個由一人或一事所形成的集束式的言論，被稱之為「輿論」。輿論具有申張法治的輔助作用，如果輿論不自我貶抑，將言論變成謬論，而是弱勢者的代言人，法治的監督者，社會的正義之聲，那輿論之為用大矣哉。

現代輿論的表達方式是多元化的，從街頭巷議，如詩經中的「風」，當代社會中的「順口溜」。到走進新聞媒體，如報章、雜誌、而廣播、電視。時至今日，拜科學發達之賜，輿論更上一層樓，走進網際網站。這不祇是拓寬了輿論的面，也增加了縱深，因其具有大容量的儲存能力，使論述能夠得到保存，發揮圖書館的功能。輿論能夠平民化，普及化，網際網站的功不可沒，其效率尤勝過新聞媒體，因為網際網站成本低，建構容易，限制性小，傳播迅速而無遠弗屆。比之新聞媒體，其知名度與信譽尚待時間累積，然網際網站透過互聯網效果，其傳播效力將是明日之星。

輿論也是可以為非作歹的，若輿論出于鄙佞之徒，因其無行，其言必褻，其論必謬。如今天政壇上出現的詭辯，正是輿論之為「惡」的例証。慣常的手法是顛倒是非，指黑為白，尤有甚者，歪曲誹謗，捕風捉影，極盡污蔑侮慢之能事。致社會正義于傾頹，世風日下，道德日糜，這是輿論的最低境界。

輿論是社會的監督者，誰又是輿論的監督者呢？一曰法律，二曰讀者。輿論如不是在法律保障的言論自由範圍內發言，其言論可能被視違法，或觸犯法律。前者法律可能予以禁止，後者可能受到法律治裁。民主社會的言論或輿論，不是漫無紀律，漫無範圍，充分自由的，它必須接受法律的約束，更多的是作者的自我約束。那麼讀者呢？他們對待失真或謊謬的言論又該怎麼辦呢？一是積極地起而批判，一是消極地予以杯葛。鄙佞者的目的在以謬論變公論，遂行私慾，故無論是積極的批判，或消極的杯葛，都能使其原形畢露，企圖破滅，無法得逞。

總之，輿論的力量亦如水之載舟，亦能覆舟。有德者用之，為正聲，無德者用之，為淫聲，為謬聲。故輿論之為善為惡，端視法治的健全與否。

新聞與專業

朋友的女兒，高中畢業後堅持要選修新聞，父親以新聞工作難以營生，堅持另揀他業。當兩造各執一端時，適巧作客造訪，受命從中疏導轉寰。直覺感到從事新聞工作，應該先有一個專業，因新聞不是萬能，碰到專業性的新聞，便難以應對，堅持者終於被説服。大學畢業後申請某校新聞研究所，詎料該所不收新聞系畢業生，正是新聞從業人應先具備專業知識使然。

大陸毒奶粉事件，在台灣引發出專業知識的問題。一時之間，人人都成了專家，人人都爭相發言，唯恐在此爭議中缺席少了自己，結果是人人都暴露出自己的無知。媒體，一個新聞專業的替代名辭，台灣的媒體與別的國家相較如何，不知道，如與美國相較，其突出點是很多的。第一，享有言論的充分自由，包括誹謗污蔑在內。第二，可以無事生非，製造新聞。第三，可以無限上綱上線。第四，炮製各種聯想與附加值。第五，她是台灣民主的象徵，也是反民主的推手，她是台灣的第三個亂源。

台灣媒體給人印象最深刻的，好像除台灣外，世界上不再有值得台灣民眾知道的新聞，以號稱台灣第一大報為例，其頭版頭條永遠是當地新聞，這是不是與本土化有關。與一些中老年人談天說地，他們幾乎是世界新聞白癡，傳媒如此發達的台灣，又如彼地閉鎖，令人百思難解。除了某些專業刊物，台灣媒體的專業報導不夠專業，時有所聞。毒奶粉事件對台灣社會產生衝擊震撼的，不是毒奶粉本身，而是根本沒有專業知識的報導與批評，這說明台灣社會既不尊重專業知識，更不重視專業知識，才會使專業者感到無奈與無辜。

陳水扁執政八年，其官場文化，無是非心，無羞惡心，無惻隱心，無辭讓心。此次衛生局長林芳郁自請辭職，鞠躬下臺，平息風波。不論林芳郁的請辭去職，罪有應得也罷，無辜受屈也罷，他給馬政府的官場文化，作了一次表率，恢復八年來，久違不見的官場「人性尊嚴」。

變格的社會

台灣怎麼了？弟弟打死哥哥，祖孫三代亂倫，性侵未成年少女，骨肉相殘。這些層出不窮的人性失落，亂倫失德的問題，更非一日之寒的問題，為什麼長久以來，沒有人試着去解題。台灣的學術事業和宗教事業，是全球最發達的地方，一百多所大學和研究所，加數以千計的宗教組織和活動場所。鮮少聽到有針對上述問題，解剖研究的機構或個人，從事對策性的解答或建議。台灣的政權更替，也未見更替的政府，向來標榜復興中華文化的國民黨政府，要有所更張，要有所作為。由蔣經國一手所導演的本土化國民黨政權，是不是也被李登輝的去中國化所濡化。因此，一個是被政治乖張了的社會，一個是被李登輝乖張了的黨，理所當然，台灣社會的變格，不會因為政權的再度更替，而受到重視。這個由政治的沉淪，帶給社會的沉淪，看來祇能隨着政治的伊於胡底，而伊於胡底。

李登輝在解構台灣威權文化的同時，他也解構了台灣的社會文化，他的去中國化主張和作為，摧毀了台灣社會的故有文化建構。又因為李登輝祇是個破壞者，不是一個建設者，祇知一意地破壞，不知道應如何從事建設。他的無知妄為，毀了台灣人，也毀了台灣。

繼起者陳水扁，更是一個毀家毀業的破壞份子，加上民進黨全黨的擁護加持，變本加厲地，地毯式地加速毀滅。從理論的扭曲到行為的扭曲，都是對準着去中國化這個目標，衝鋒陷陣，不達目的，誓不罷休。現在是目的達到了，還在沒完沒了地勇往直前，無休無止地詭辯歪曲，前面等着的，不可能是繁榮美景，而是翻船。

奉勸同在這同一條船上的你我他，別祇把焦距對準陳水扁的貪瀆，有比陳水扁貪瀆更重要的，那就是這個你我他生存社會的變格。

背書

原創用意是純商業行為，交易場中使用支票支付時，若開具支票方的信用不足，或屬非即期支票，為取得對方的信任或接受，找一個強有力的財務靠山，在一方支付的支票背面，簽上自己的名字，承擔出具支票方，不能承兌支票金額時，負責承兌的責任。

亦如紐約金融衍生性產品一樣，背書也有了衍生性產品。為競選者站台，政治背書。執政者推動政策，被反對者以質疑做藉口，掀起政治風波時，把美國人搬出來背書，外交背書。呂秀蓮為陳水扁的貪瀆罪背書，道德背書。在台灣，背書的泛濫，己成為一種時尚，也成為不負責任的異名辭，反正對背書的人和事，都無須承擔責任，人人都樂得信口開河。如果陳水扁拿一張百萬元的私人支票，要求呂秀蓮為他背書，呂秀蓮會為他背書嗎？

上述背書性質，雖有不同，其產生的背景則一，缺乏自信，才會要求外力的加持。台灣的反對黨對執政黨的兩岸政策，一再質疑，考其心態，其上策是從中取利，渾水摸魚。下策正是缺乏自信，民進黨一向把主體意識放在第一位，卻事事要求從美國的背書中，才肯罷手認同。

台灣社會，意識型態上，是一個被「主體意識」籠罩的社會。若用定性分析，來分解主體意識的心態，應屬精神分裂型。意識上，對主權的失落感，已超出意志力的承受，由反彈而產生出幻覺，為了自我滿足，不惜虛擬出主權幻境，畢竟生存具有強烈的現實性，虛幻蘊育了「主體意識」，現實給予了「危機意識」，當意識游離於現實與虛幻之間時，便產生意識與行為的極端矛盾，見証這個矛盾的，便是美國政府對台灣的背書——美國台灣關係法。主體意識者如自信，台灣具有實質性的主體亦即主權，還需要台灣關係法來背書嗎？

又見權力貪婪

貪婪來自慾望的無窮大，權力的貪婪產生權力的過度擴張，這是威權社會的基本型。早期台灣的威權社會，國家的定位，是領袖、主義、國家。朝代換了，制度改了，已由威權進入民主，但權力的貪婪，卻始終深植人心。陳水扁的隱性「法西斯」統治，民進黨人都莫敢與之爭鋒，國家法律遇扁即刻讓路，他的國家定位，是領袖、政府、國家。

政權更替已屆兩迭，社會對重新執政的國民黨，期待甚殷，回歸制度，確立法制。事隔不到一個月，已有人蠢蠢欲動，王金平想把手伸進行政院，立委江玲君欲將織掌伸向考試院，監察院自院長以下，同意權行使，正磨刀霍霍，甚至有人想把立法院變成太上政府，立法院裡更有人想做太上總統，覬形察勢，立法院的新國家定位，是立院、政府、國家。

莫非國民黨的立院黨團想以民進黨為師，搞違章建築小朝廷，別忘了國民黨不是草莽，它曾經執政數十年，它是一個有過文官訓練的黨，對那些黨籍穢痞，國民黨不能裝聾作啞，應予教訓，教育，否則，馬上就會翻船。

超級政客張瑋津

一個毫無佛性的佛教弟子，卻是一個貨眞價實的超級政客，她不從事政治活動，卻是個最接近政治的人。她在 TVBS 新聞夜總會節目中露臉，並大力為 2630 爭取非法權益，被視為大大地違反了佛家修持的原則。不能淨、不能空、更放不下。

這個打着佛性禪語的佛家弟子，竟是滿口的 2630 攻擊性語言。這使人連想到那位已圓寂的高僧日慧法師，他當日與 2630 接觸，祇是按常人般接待他，還是依佛的菩薩心接納了他。一位佛教高僧從佛眼看人，與普通凡人用俗眼看人，其透視力與窺探力，是完全不同的，否則，便不能稱之為高僧。佛家要求戒貪不打狂語，貪與說謊，正是 2630 的嗜好與專長，放到日慧大師法眼之下，能不原形畢露。張瑋津口述其師日慧的褐語，若不是誤解，便是曲解，兩者都非佛性所容。

張瑋津一而再，再而三地要求社會，給予 2630 以公平心。按公平心不是單向的，那是施捨，公平是雙向的相互對等，否則，便不能持平，不能持平，如何公平。張瑋津顯然對公平的含義，還不甚了了，才會單向性地為 2630 要求公平。按佛家接納犯罪者，也是有先決條件的，放下屠刀，立地成沸，2630 放下了嗎？他的犯罪行為，已証據確鑿，還在百般狡賴。張瑋津的公平心，正是她不公平心的披露，她的訴說，也正是時下泛政治化語言的旨趣，張瑋津的發言，無疑在為她的政客身份做註解。

2630 與兩位檢察官在日慧法師座前見面的照片暴光，是張瑋津被邀現身新聞夜總會的主軸。兩位檢察官與自己偵查的當事人不期而遇，未予迴避，這與他們兩人的職業認知有關，也許自認無愧於心，不必矯情迴避。但無論如何缺乏敬業精神，兩位檢察官的行為，是不夠嚴謹的。問題在出示照片的張瑋津？其行其言，基於菩薩心嗎？基於佛性嗎？祇怕政治的考量，才是張瑋津最為傾向的目的。她與兩位檢察官有同門之誼，她這麼做，就不怕傷到兩位同門嗎？若不是認定此舉為 2630 的救命絕招，她絕不會在此時此刻拋出來。因為該照片除了政治的效用，於法律可說是毫無意義。以張女的辯才無礙，機警智慧，她絕不會無的放矢。她提得最多的是公平心，與 2630 的生命安危，一則博取同情，一則進行威嚇，這些向為政客們使用的惡濁伎倆，張瑋津也運用的如此純熟，更加落實了張瑋津的政客身份，祇圖政治的利害得失，枉顧社會的公義道德。

張瑋津忽略了一個重要的心理邏輯，一個貪得無厭的人，也是一個貪生怕死的人，2630 決不會甘心死在他的財富耗盡之前。特偵組所掘出 2630 的贓款，還祇是冰山一角，在那些尚未被發現的贓款被發現之前，2630 決不會甘心求死不求生，他所求者不是死，而是脫罪。

照片風波或張瑋津事件，沉痛的不是照片本身所訴說的故事，或與照片有關的某些個人。而是台灣的政治人物，以及政治邊緣人物，涉身佛門，卻沒一點佛性，儘管佛門的信條是平等眾生，容納眾生，也包括藏污納垢嗎？

雖敗猶榮

台北二〇〇八京奧代表隊，最被看好的獎牌項目，是抬拳道，其中的蘇麗文，又是此項目的熱門選手，沒想到在競賽現場演出時，因傷敗北。因其不認輸的精神，打倒再爬起，爬起又打倒，雖至遍體鱗傷，力盡筋疲，已不堪一擊，猶不肯認輸。咸認其運動精神可嘉，被舉為台灣的精神象徵，全民寵兒。上自官府，下至民間，莫不以之為榮，媒體則更是推波逐浪，無限上線上綱。

現在事過境遷，不妨深入探討一下，她對台灣的意義，到底是正面的，還是負面的。如果蘇麗文的競技表現，倒下爬起，爬起倒下，真是一種非凡的毅力表現，美感象徵，當會贏得全世界運動記者的喝采，表揚與讚美。像台灣社會所表達的一樣，給予應有的關愛與熱情。遺憾的是，外部社會完全沒法感應到，台灣社會從蘇麗文運動競技中，所感應到的那種運動的美感。

運動與台獨不同，它必須走出去，不能關着門自娛。運動競技不是鬥牛，祇講蠻力，它除了體力與技巧，更是智慧的比拚。不論競、鬥或戰，都有它不變的原則，那就是兵法告訴我們的「知己知彼，百戰不殆。知己不知彼，一勝一敗。不知己不知彼，累戰累敗。」蘇麗文的戰敗，雖不能以實力論，但以明知傷勢極重，不堪與戰，還不自量力，已越出了兵法的範圍，犯了兵家大忌。拚搏並非蠻幹，要有所計算，找出彼強我弱，我強彼弱，如何發揮我之強，避彼之強，擊彼之弱，避我之弱，即令敗北，也非戰之罪。

什麼是奧運精神，曰「君子之爭」的對抗精神，智者的精神。它不是戰爭，爭到你死我活，它要求爭不過，就要認輸，講究風度。

似蘇麗文之戰，是為不對稱之戰，戰也敗，不戰也敗。從她迎戰的動機論，「完成父親的交代」，這說明一開始，她便是以悲情迎戰。那是一種背離運動美感的比賽，縱令贏得同情，卻不足取。因其所展現的運動精神，不是運動所要達到的公平對抗，公平競爭，而是一種挨打的精神。蘇麗文戰到最後，已不能走下擂台，觀眾看到的祇剩下悲情。對贏得比賽的對手而言，造成以強凌弱印象，贏得並不光彩，成為另類的不公平。

台灣社會，一方面極力強調主體意識，一方面又沉緬於悲情意識，這種情境，讓台灣社會永遠迴旋於自我矛盾中打轉，原因出在台灣有些人搞什麼都不認真，搞台獨不認真，搞體育不認真。既不肯認輸，又不圖自勵，最後，訴之悲情來自我解嘲。

硬拗

硬拗原本是民進黨的專利，民進黨人的專長，陳水扁執政八年，別無建樹，唯硬拗已隱然形成全社會的價值觀。中山大學校長張宗仁，任國立宜蘭大學校長人選審查人，遴選過程中被指有歧視女性之嫌，經訴頌判決敗訴，張引性侵案判例為例，認初審判決對自己不公，申言上訴，招致訾議。

張校長甚感委曲的是「這實在太離譜，別人強吻沒事，只是以一個審查委員的正當詢問……」反落了個性別歧視罪。張校長差矣，同樣的性侵行為，放到不同身份地位的人身上，法官的裁決可能就會因人而異。以筆者為例，名不見經傳，學問祇一醬油碟子，年紀大到離土祇有半寸，法官定會以一念之仁，放在下一馬。如果是一位盛年的大學校長，李某某或陳某某之類，一代傳道授業的宗師，法官也能宅心仁厚，放伊一馬？法官斷案除了法律那把尺之外，在他的天秤上，還有一個法碼——社會的影響。

從法理上論性侵犯與性歧視，其性質：一是屬於低層次的行為的犯罪，一是屬於高層次的心理的犯罪，兩者是不能類比的。張校長的比擬，近乎不倫不類，才會造成個人心態的不平衡。

論題再回到張校長所稱「正當詢問」上來，張校長有沒有想過，你的問題就出在你的正當詢問。因為你的被詢問對象，不祇一人，不止單一性別，那麼詢問者的提問，便不能有針對性。因針對性提問，帶有個別性，個別性會引伸為可塑性與多面性，從而引發過多的質疑與過多的解讀。即使你內心中從未蒙生過歧視，歧視因你而造成。

下面是留給張校長的一道填充題：什麼是張校長理念中的性別歧視：「 」？

宗教、寬容與妥協

中華人民共和國建國的前三十年，屬于政治的災難年，政治沒有建設，祇有運動和破壞，一種以鬥爭為綱的政治運動，其鬥爭對象，小自小學三四年級稚齡兒童，大到中老年人的黑五類或右派份子。全中國有數不清的政治罪犯，全中國人都生活在如臨深淵如履薄冰的恐懼中。這種摧殘人性的手段與方式，世界史上找不到前例，它使今天的中國人變得扭曲，忽視尊嚴，不重然諾，甚至誇大而貪婪。如何恢復整個民族支離破碎的人性，也是世界史上沒有前例的大工程。

中國是一個非宗教國家，沒有屬于共同信仰的國教，儒教祇提供政治信仰，缺乏宗教信仰的內涵。近乎保守的佛與道，在飽受摧殘之後，既缺乏繼起人才，也缺乏迅速復元的力量，從事宗教工作的僧與道，或許是心有餘悸吧，那敢大張旗鼓，為人醫心去疾。

一個兩千年以來，從無政治狂熱亦無宗教狂熱的民族，經過三十年的狂熱洗禮，以馬克思、列寧、毛澤東等的政治思想，作為宗教思想來狂熱崇奉，整個民族便變成思想崇拜狂。一旦此政治性宗教思想煙消雲散，人們的思想崇拜空間淨留下一片空白，什麼樣的思想都能擠進這個空間，這也許是法輪功能夠風行于神州大陸的原因吧。毛澤東千方百計用宗教狂熱般的政治思想，打開中國人封閉兩千餘年的思想之門，於今，為了要堵塞另類異端邪說，硬要把這扇門封閉起來，這不止是不公平，也不可能。

故中國急須要有宗教，來拯救和醫治人民的迷惘，人性的迷失。政府應做的，不是堵塞或排斥，而是寬容，容許人們找到各自的上帝，如佛陀、老祖、耶和華、耶穌基督、聖瑪莉亞、穆罕默德。讓人們去依托，去崇奉，讓整個社會求得平靜與平衡。

歷史上基督教與天主教，曾在十八世紀，伴隨著西方帝國主義的殖民主義，為害中國社會，留下慘痛的記憶。經過兩個世紀時間的沖洗，罪惡也好，仇恨也好，應已兩相抵消。中國應敞開自己的心胸，接納已被世人肯定的，有助于改善人們精神領域的宗教，合法進入中國傳道佈理。以填補政治狂熱後的思想真空，否則，非理性的，邪惡的思想，便會趁虛而入，攫取它，佔領它。

基督或天主的使徒們，應在爭取進入中國傳播福音的同時，向全體中國人表明心跡，和自身背景的清白，不會為新的帝國主義助紂為虐。七十歲以上的非教徒中國人，本能地對西方宗教性質存有疑慮，這都是因為歷史上的不幸，至今仍延續著記憶中的隔閡與敵視。作為傳教的工作者，必須面對歷史的紀錄，設法消除誤解，決不能自認為出自真誠和愛心，便可以理直氣壯，那祇會製造更大的誤解和阻力。更重要的是，千萬不要借助外部的政治力，作為對抗中國政治排斥宗教的助力，更不要以自身的清白，去証明或保証所有傳道者的清白，人既不同此心，心也不同此理，這也是上帝告戒過的真理。

寬容是雙向的，妥協也是雙向的，二者俱備，才能消除彼此間的成見與隔閡，也才能建立彼此間的互動和互信，庶幾能為未來中國的宗教之路，開闢一條坦途。

西方人的正義比紙還薄

中國皇家園林圓明園，百餘年前，英法聯軍之役，將她洗劫一空。這場搶劫，應是西方人標榜民主人權，紳士文明的奇恥大辱。可惜的是，不論西方人如何為自己包裝，它的真實內容，終究不過是一張紙，一戳就破，甚至比紙還薄。

圓明園藝術雕刻品，鼠兔首，被法國的收藏家，先是祕密收藏，現在竟要公開拍賣。中國派遣一個律師團，循西方人的遊戲規則，向法國鼠兔首所在地的地方法院，提出主權訴訟，竟以不具所有權人資格敗訴。這是什麼邏輯，被從中國搶去的藝術品，中國不具備所有權人資格，搶劫與收藏者，才是此藝術品的所有權人。西方人每遇理屈辭窮，便祭出他們自訂的國際法，那些由西方國家。從殖民主義思維下，以搶劫為背景所一手包辦的法律，其主旨都是為自己的強盜行為作後盾。面對法國法院的判決，終於讓人們看清了西方人的嘴臉，一百年前是野蠻的強盜，一百年後是文明的強盜，他們的強盜性格和心態，一點也沒有改變。

美國人為了搶奪伊拉克石油資源，設盡各種出兵攻打的說詞，把自己裝扮成正義的化身，上帝的代理人（美總統布希，出兵前自稱獲得上帝的允許。）直到陷入泥淖後，才被反對者吐實，那一大籮筐的出兵理由，全都是捏造的，反恐、為伊拉克人民建立民主，全都是鬼話。

法國人為什麼會趕在經濟這麼不景氣情況下，標賣中國圓明園鼠首與兔首，目的就是為了搶劫中國人的錢。全世界經濟不景氣聲中，中國是唯一未嚴重被波及的國家，標賣的佳士得公司，早就胸有成竹，消息一旦傳出，中國政府為了維護國權，一定會出面阻擋。果不出他們所料，中國派出龐大律師團，意圖循法律途徑爭取歸屬，這無疑在為鼠兔首作廣告宣傳，復經媒體抄作，法國人看到了它的經濟利益－錢，其他的道德、良知、人權，去他的吧，都可以不要了。經驗告訴他們，有錢又愛國的中國人多的很，他們揹負着中國的傳統，國家興亡，匹夫有責，尤其是對中國的國恥，更是沒齒難忘，一定會出天價競爭。

法國人得到了他們想要得到的天價，不論如何高昂的天價，它畢竟是一個可以用數目字來計值的，佳士得公司拍賣的，何止是鼠兔首而已，也包括法國和法國人的「價值」在內四十年前，看過一部存在主義電影，那個探秘的英國老師，便是以不守信反悔，才被對方接納，獲得真相。中國買家也以不守信用的手法，成功地阻止了鼠兔首的拍賣，中國人終於在一百五十年後，學會了西方人的遊戲規則。

爲子孫惜福

最近，有子女撰文，漫談奉養父母的苦經，它反映出一個未引起社會及社會學家注意的問題，即「現代」與「傳統」銜接的問題。

傳統上養兒防老，子女包括媳婦，照顧父母義無反顧。那是農業社會的情狀，家庭組合，五代同堂，多子多孫，照顧的職責，輪流替換。責任分攤，勞務也分攤，同樣是照顧，體力與精力，不會集中到一個人身上。

把傳統觀念與要求，放到現代工商業社會，小家庭制的子女身上，它的問題，不在子女有沒有孝心，而是他（她）們有沒有能力。他們的收入符不符合條件，有沒有足夠的空間，更重要的是有沒有足夠的時間。如果兄弟姊妹眾多，異地分處，勞務的分配便更成問題。

從某媳婦女士的投稿中，看到她的處境是多麼地艱難，一個人二十四小時，照顧一個癱瘓病人，長時間把應該是三個全職工的工作，放到一個人身上。換個角度替她想一想，她需要多大的耐力和體力，這還需要那個被服侍的人，懂得人情和感激，俗話說：久病床前無孝子，何況是媳婦。如果被認為是天經地義，理所當然，那她的委屈，眞要與天公共比高。

今天的問題在，台灣社會轉型期間，也許是限於社會資源，也許是觀念的轉變，住老人院或養護中心，難以被傳統接受，或力有未逮，老年養護便成了社會問題。

政府已在籌劃老年養護，台灣已進入高齡社會，老年養護刻不容緩，唯需要考慮它的社會成本。一開始就必須從管理着手，做到節約與週延兼顧，不能再走健保的管理鬆懈及浪費路線。

此外，也給即將進入老年的朋友，一個為子孫惜福的建議，愛惜自己，別讓自己成為老殘病，增添子女的負擔，就是為子孫惜福。也許有人會說，誰也不想生病，沒錯，病雖然不是自己可預期的，但，它是可預防的。舉個例子，一九八五年，筆者時年五十三歲，一位同學請在著名的湯飽店吃湯飽，一口咬開，祇見裡面油汁淋漓，因盛情難卻，不得已淺嚐即止，之後，再也不敢問津。二十年後，那位嗜湯飽如渴的同學，早已列班養護類老殘病患。語說病從口入，老年病殘，多來自生活習慣，有朋友愛吃肥肉，累勸不改，七十五歲時心臟大手術開刀，切開肋骨搭橋，搶回一命，算他運氣，還能活動如常。

生理上的惜福還不夠，更要從心理上惜福。孝不是無限上綱上線的，它是對等的、互動的。對媳婦而言，她沒有理由，無條件替丈夫來回饋公婆，如認為有虧欠，應該回饋的是兒子，女兒，不是媳婦。作翁姑對媳婦的要求，止於義務，而非責任，從某個角度看，台灣社會還或多或少地，殘留着養女制度的思考方式。尤以現代社會，需要兩個人的共同收入，才能經營一個家的限制下，更應該懂得體諒，懂得體諒就是惜福。

歧視與族群分裂

歧視的存在，它是一個歷史性問題，也是一個世界性和世俗性問題。此處所談的歧視，它並非台灣族群分裂的本質，台灣族群分裂的本質是政治，每屆選舉或選舉臨近，這類政治版塊運動，便會出現。歧視祇是政治分裂族群的一個引信，推動族群分裂的力量捨政治莫屬，企圖用消滅歧視，來彌縫族群分裂，用心良苦，但不可預期，因為捨本逐末在先，失敗必然在後。

從歧視的世界性看美國，憲法明文規定不得歧視，是不是歧視就不存在了呢？有人就這麼說：「美國沒有歧視」。這類人，多半是屬於自視甚高的那一類人。歧視有顯性的，如行為的歧視，有隱性的，如心理的歧視。一般來分析，白種人穩重成府深，他們的歧視屬隱性，有色人種浮造無成府屬顯性。同是居美的中國人，因來源不同，彼此之間，便存在着不同程度的歧見和歧視。他們之間，根本扯不上任何政治利益，卻存在着不同的政治立場，別小看這個立場的破壞性，它是加深擴大，彼此間歧見和歧視裂縫的最大因素。

世俗性的歧視，可說是數不勝數，舉不勝舉。朋友聚會，介紹某人稱他是「老廣」，這個名詞，既諷刺，又褒貶，廣東人不以為侮。介紹湖北人，稱他「九頭鳥」，衹貶不褒，也不會以為侮。稱湖南人騾子，也是一個褒貶相乘的辭彙，湖南人不會生氣。不可否認的，歧視有善意與惡意的不同心態。戲謔無疑是一種善意的歧視。

歧視的心理衍化，無疑是雙重性的，由自大衍生為對別人的歧視，自卑衍生出被歧視誤解。凡懷有歧視心理的人，肯定是一個心理不平衡的人，也是一個心理不正常的人，應該看心理醫生的人。

台灣社會的歧視心理，是形成民粹台灣的重要元素，也是政治人物操控台灣社會的重要武器。沒了歧視，或禁止歧視，便等於要他們繳械，解除武裝，視政治利益重於生命的台灣政治人物，他們會善罷甘休嗎？此外，歧視法不是心理醫生，用它來杜絕全社會的心理病癥，祇怕是緣木求魚。